ANSWER KEY

Manual de gramática y ortografía para hispanos

María Elena Francés

Rubén Benítez

PEARSON

Prentice
Hall

Upper Saddle River, New Jersey 07458

© 2004 by PEARSON EDUCATION, INC.
Upper Saddle River, New Jersey 07458

ISBN 0-13-140981-6

Printed in the United States of America

María Elena Francés Rubén Benítez

Manual de gramática y ortografía para hispanos
Respuestas de los ejercicios

Capítulo 1

1.1.b Están señaladas solamente las vocales fuertes.

1. mañana
2. penitencia
3. oloroso
4. murciélago
5. mudo
6. muleta
7. pomposo
8. querido
9. gaucho
10. paraguas
11. ungüento
12. mejicano
13. miniatura
14. voy
15. quiniela
16. cuanto
17. merengue
18. guitarra
19. saque
20. hueso

1.2.a

1. ciencia (dos diptongos)
2. héroe
3. reina
4. puedo
5. cuento
6. sigue (u muda)
7. ley
8. leyes
9. leonas
10. nuevo
11. estación
12. guerra (u muda)
13. peatones
14. suelo
15. nieve
16. paquete
17. fastidioso
18. infierno
19. pueblo
20. leen
21. Latinoamérica
22. zoológico
23. siguiente (u muda y diptongo)
24. estanque
25. cien
26. guitarra
27. cuestión   (dos diptongos)
28. rey
29. reyes
30. pague
31. huerta
32. miel
33. cuidado
34. teólogo
35. Antigua
36. oigo
37. voy
38. lealtad
39. cuaderno
40. Leonardo
41. queja
42. antiguo
43. quemar
44. cuidado
45. fealdad
46. miente
47. siguiente
48. queso
49. hueso
50. arqueólogo
51. requieren
52. cuello
53. quinto
54. cuanto
55. recuerdo

1.2.b

1. Guillermo
2. paraguas
3. **vergüenza**
4. **pingüino**
5. **agüero**
6. **güero**
7. sigue
8. lengua
9. **lingüística**
10. Guatemala
11. guisado
12. averiguar
13. **averigüe**
14. guante
15. averiguó
16. **cigüeña**
17. guajiro
18. guerra
19. vuelo
20. Guantánamo
21. agua
22. lengua
23. gusano
24. **bilingüe**

25. **ungüento**

1.2.c
1. **alegría**
2. Delia
3. **decía**
4. miel
5. **día**
6. **biología**
7. **vacío**
8. **decía**
9. piel
10. **mío**
11. **querría**
12. **ríe**
13. **río**
14. paisaje
15. **país**
16. piedra
17. **frío**
18. piojo
19. Gloria
20. **policía**
21. **actúa**
22. actuar
23. **podría**
24. cuento
25. **manía**
26. **había**
27. baila
28. paisano
29. **maíz**
30. miente
31. **mentía**
32. diario
33. cien
34. **evalúa**
35. evaluado

1.3.a
1. a-ma-ne-cer
2. ac-ti-tu-des
3. des-pre-cio
4. a-gri-cul-tu-ra
5. bo-chin-che
6. com-pli-car
7. ca-ba-llo
8. pen-ta-gra-ma
9. su-pe-rior
10. vi-no
11. a-lam-bre
12. pre-cau-ción
13. cons-crip-to
14. trai-ción
15. a-cei-te
16. i-ni-cia-ti-va
17. a-rre-pen-ti-mie-nto
18. ex-tra-or-di-na-rio
19. fe-li-ci-dad
20. ma-dri-gal
21. ma-dre
22. des-cla-si-fi-ca-do
23. in-cle-men-te
24. re-blan-de-ci-do
25. des-cu-brir
26. fla-que-za
27. ro-ble-dal
28. im-ple-men-tar
29. tra-tar
30. de-sier-to
31. trans-plan-te
32. dí-a
33. pa-que-te
34. a-gua
35. ac-tú-a
36. cuen-to
37. men-tí-a
38. hé-ro-e
39. es-truen-do
40. vi-vien-da

1.4.a
1. ac-<u>ción</u>, pri-<u>me</u>-ra, cam-pe-<u>ón</u>

2. <u>o</u>-bras, li-bre-<u>rí</u>-a, ca-lle-<u>ci</u>-ta

3. <u>claus</u>-tro, tra-<u>vie</u>-sa, qui-<u>sie</u>-ra

4. Le-o-<u>nar</u>-do, ar-<u>que</u>-ro, ex-ce-<u>len</u>-te

5. li-be-<u>ral</u>, an-ge-li-<u>cal</u>, te-le-no-<u>ve</u>-la

6. pin-<u>güi</u>-no, ca-<u>rre</u>-ra, <u>hé</u>-ro-e

7. <u>hay</u>, <u>Dios</u>, <u>Dio</u>-sa

8. pa-<u>la</u>-bras, zo-o-<u>ló</u>-gi-co, pe-a-<u>to</u>-nes

9. que-<u>rrí</u>-a, ac-<u>tuar</u>, ta-<u>bli</u>-lla

10. no-<u>ve</u>-la, <u>miel</u>, cua-<u>der</u>-no

11. <u>huer</u>-ta, <u>ley</u>, <u>le</u>-yes

12. <u>le</u>-en, gui-<u>ta</u>-rra, te-<u>ó</u>-lo-gos

13. Ma-<u>rí</u>-a, es-cri-bi-<u>rí</u>-a, fla- <u>quen</u>-cia

14. me-<u>ren</u>-gue, pa-<u>pel</u>, a-<u>ba</u>-jo

15. <u>tér</u>-mi-no, ter-<u>mi</u>-no, ter-mi-<u>nó</u>

1.4.b
1. e   2. a   3. b   4. d   5. c   6. b   7. g   8. f

1.5.a

1. <u>cár</u>cel (Ll)	10. cari<u>ño</u>so (Ll)	19. extran<u>je</u>ro (Ll)
2. mani<u>fies</u>to (Ll)	11. almoha<u>dón</u> (A)	20. <u>flor</u> (A)
3. cora<u>zón</u> (A)	12. carnice<u>rí</u>a (Ll)	21. hori<u>zon</u>te (Ll)
4. po<u>lí</u>gono (E)	13. des<u>pier</u>to (Ll)	22. po<u>lé</u>mica (E)
5. amane<u>cer</u> (A)	14. se<u>má</u>foro (E)	23. <u>cuer</u>po (Ll)
6. ig<u>le</u>sia (Ll)	15. cel<u>tí</u>bero (E)	24. emo<u>ción</u> (A)
7. estu<u>dian</u>te (Ll)	16. <u>can</u>to (Ll)	25. fi<u>nal</u> (A)
8. pen<u>sión</u> (A)	17. can<u>tó</u> (A)	
9. a<u>zú</u>car (Ll)	18. comi<u>sión</u> (A)	

1.6.a

1. **todavía**	16. **cercanía**	31. **evalúe**
2. **hacía**	17. media	32. huerto
3. hacia	18. **medía**	33. **tendría**
4. cuando	19. **policía**	34. Adriana
5. **sentía**	20. **policíaca**	35. **ataúd**
6. **sería**	21. academia	36. **baúl**
7. seria	22. **mía**	37. jaula
8. **acentúe**	23. Celia	38. cueva
9. deuda	24. **Aída**	39. cien
10. **Raúl**	25. secretaria	40. **escribíamos**
11. armario	26. **secretaría**	41. cementerio
12. **leía**	27. **Mario**	42. tragedia
13. Asia	28. **María**	43. **río**
14. feria	29. fiel	44. vidrio
15. **quería**	30. **fíe**	45. **corría**

1.7.a

1. **murciélago**	3. telegrama	5. caballero
2. crisis	4. problema	6. enano

7. **<u>águila</u>**
8. hadas
9. poema
10. **<u>ópera</u>**
11. **<u>héroe</u>**
12. **<u>teléfono</u>**
13. elefante
14. dictados
15. candidato
16. intereses
17. telenovelas
18. lombriz
19. paraguas

20. **<u>parásitos</u>**
21. **<u>árboles</u>**
22. horror
23. floresta
24. miel
25. **<u>mérito</u>**
26. **<u>aristócrata</u>**
27. **<u>espíritu</u>**
28. felicidad
29. arroz
30. bosque
31. calor
32. salud

33. caridad
34. amor
35. **<u>película</u>**
36. **<u>romántica</u>**
37. aceituna
38. **<u>líquido</u>**
39. soñar
40. **<u>metódico</u>**
41. metal
42. **<u>microscópico</u>**
43. aparición
44. definitivo
45. **<u>helicóptero</u>**

1.8.a

1. **ajedrez**
2. escribe
3. **mamá**
4. **libertad**
5. **final**
6. **compás**
7. **león**
8. guerras
9. **feliz**
10. abanico
11. **café**
12. **cafés**
13. **amor**
14. **interés**
15. **así**
16. **central**
17. libro

18. **comer**
19. loco
20. diosa
21. **salió**
22. **desesperación**
23. **traidor**
24. **ratón**
25. **valor**
26. **concepción**
27. **razón**
28. **pensión**
29. **apreciar**
30. **aquí**
31. **arroz**
32. **estrés**
33. **pasión**
34. **corazón**

35. **feroz**
36. **cortés**
37. lunes
38. **papel**
39. candela
40. cubano
41. **español**
42. vida
43. leones
44. **campeón**
45. campeones
46. **francés**
47. franceses
48. **comunión**
49. ciencia
50. **bien**

1.9.a

1. **árbol**
2. libertad
3. **comedias**
4. **computadora**
5. **ángel**
6. **angelitos**
7. **historia**
8. historiador
9. **panadero**
10. **cárcel**
11. fatal
12. **tragedia**

13. **pueblo**
14. **agudas**
15. señor
16. **débil**
17. feroz
18. **feroces**
19. **Gutiérrez**
20. **Domínguez**
21. **Suárez**
22. teatral
23. correr
24. **examen**

25. **fácil**
26. **difícil**
27. arroz
28. **álbum**
29. **clase**
30. universidad
31. **Jiménez**
32. **Pérez**
33. **novio**
34. mejor
35. **mejores**

36. calidad
37. **alguien**
38. virtud
39. empeñar

40. **asesino**
41. **cadáver**
42. **monja**
43. **camino**

44. **Cádiz**
45. **carácter**

1.9.b

1. peluca
2. estornudar
3. aconsejar
4. **sábado**
5. **miércoles**
6. miseria
7. **teléfono**

8. derretir
9. perdido
10. **sílaba**
11. **México**
12. mexicano
13. latino
14. **árboles**

15. **pacífico**
16. reciente
17. **novelístico**
18. **héroe**
19. **capítulo**

20. capital
21. capitalista
22. **ejército**
23. ejercicio
24. **lápices**
25. **último**
26. **rápido**
27. rapidez
28. **éxito**

29. feriado
30. **bellísimo**
31. **doméstica**
32. pasaje
33. **pájaro**
34. **básico**
35. **íbamos**
36. **éramos**
37. **lámpara**

38. casado
39. **rápido**
40. **telegráfico**

1.9.c

1. divi**sión** (aguda)
2. ra**íz** (aguda)
3. **ba**ses (llana)
4. pro**gra**ma (llana)
5. em**ble**ma (llana)
6. pasa**je**ro (llana)
7. **án**gel (llana)
8. ar**cán**gel (llana)
9. Cris**tó**bal (llana)
10. **má**gica (esdrújula)
11. **ha**das (llana)
12. pare**cí**a (llana)
13. po**e**ma (llana)
14. poe**sí**a (llana)
15. pa**cí**fico (esdrújula)
16. mag**ní**fico (esdrújula)
17. diccio**na**rio (llana)
18. vi**sión** (aguda)
19. **cés**ped (llana)
20. invi**ta**dos (llana)

21. des**pués** (aguda)
22. apa**re**ces (llana)
23. cos**tum**bre (llana)
24. **trá**gico (esdrújula)
25. na**riz** (aguda)
26. ca**rác**ter (llana)
27. melo**día** (llana)
28. **fá**cil (llana)
29. sa**bor** (aguda)
30. **fies**ta (llana)
31. **fiel** (aguda)
32. **ló**gica (esdrújula)
33. so**fá** (aguda)
34. li**món** (aguda)
35. es**pí**ritu (esdrújula)
36. ver**dad** (aguda)
37. a**jí** (aguda)
38. fe**roz** (aguda)
39. **már**tir (llana)
40. anti**hé**roe (llana)

41. mar**fil** (aguda)
42. **fuen**te (llana)
43. ma**ní** (aguda)
44. vir**tud** (aguda)
45. **flor** (aguda)
46. trai**ción** (aguda)
47. At**lán**tico (esdrújula)
48. te**má**tica (esdrújula)
49. cora**zón** (aguda)
50. sa**lud** (aguda)
51. in**glés** (aguda)
52. in**gle**ses (llana)
53. **hués**ped (llana)
54. esta**ción** (aguda)
55. e**xa**men (llana)
56. **pá**jaro (esdrújula)
57. tra**ge**dia (llana)
58. **trá**gico (esdrújula)
59. di**fí**cil (llana)
60. **fá**cil (llana)

1.10.a
1. ¡Escucha! (¡Escuche!). Es el cuarteto italiano.
2. El cuadrado tiene cuatro lados.
3. La química es una materia difícil.
4. ¿Cuál es el tuyo?
5. El ecuador limita la zona tropical.
6. ¿Cuánto dinero necesitas?
7. Este pez tropical irá a mi nuevo acuario.
8. Uso queroseno (kerosén) en vez de gas.
9. El canguro es un marsupial.
10. Necesita(s) (Tiene(s) que) completar el cuestionario.

1.10.b
1. En Segovia hay un famoso acueducto romano.
2. Visité el acuario de Monterrey.
3. Pienso adquirir una casa en la playa.
4. El que quiere, puede.
5. El queroseno es un derivado del petróleo.
6. Parece el cuento de nunca acabar.
7. Es un postre exquisito.
8. Voy a México con mucha frecuencia.
9. Estos cursos se requieren para el doctorado.
10. Sus estudios equivalen a un bachillerato.
11. Fue a la cárcel con otros delincuentes.
12. Pasó una caravana de camellos.
13. Mi sobrina fue a Japón y se compró un kimono (quimono).
14. Me preocupa la cuestión del petróleo.
15. La universidad requiere estudio.

1.11.a
1. malhechor	2. taciturno	3. tasajo	4. capataces	5. perdigones
6. emana	7. rehuye	8. guajira	9. jicotea	10. desmochar

1.11.b
1. jicotea	2. denotar	3. fechorías	4. montaraz	5. rehuir

1.12.a
Respuestas sugeridas, ya que las respuestas a este ejercicio pueden variar.
Algunas palabras con diptongos:
cagüeiro, comiendo, distancia, fue, guajiro, historia, industrioso, miel, oración, piedras, puede, puerco, quienes, vuelta.
Palabras con diéresis: **cagüeiro, averigüe, sinvergüenza.**

1.12.b
ca-pa-taz
de-no-tar

des-mo-cha-<u>dor</u>
e-ma-<u>nar</u>
fe-cho-<u>rí</u>-as
gua-<u>ji</u>-ro
ji-co-<u>te</u>-a
mal-he-<u>chor</u>
mon-ta-<u>raz</u>
<u>mon</u>-tes
per-di-<u>go</u>-nes
re-<u>huir</u>
ta-ci-<u>tur</u>-no
ta-<u>sa</u>-jo
ve-<u>rra</u>-co

1.12.c
Respuestas sugeridas, ya que éstas pueden variar.
Hay en el texto varias palabras que requieren acento para disolver el diptongo. Estas son algunas:
aún, día, fechorías, solía, tenía
Hay varias agudas que requieren acento porque terminan en **n, s** o **vocal**. Estas son algunas:
ladrón, oración, además, revés, acercó, besó, convirtió.
Algunas agudas que no llevan acento:
castigar, desmochador, mal, matar, montaraz, terror.

Hay sólo dos palabras llanas en la lectura que requieren acento porque terminan en una consonante que no es o una **n** o **s**: **árbol** y **cádaver**.

Hay muchas llanas en la lectura que no requieren acento porque terminan en **n, s** o en **vocal**.
Algunas de ellas son: **descubrieron, mismo, montes, mostraba, perdigones, tarde, venado, vientre.**

Hay dos esdrújulas: **trasformándose** y **mágica**.

1.12.c
Desde **épocas** muy primitivas, el ser humano se ha identificado, para bien o para mal, con los seres animales. En las civilizaciones **aborígenes** del **África** o de **América**, un **tótem** animal **protegía** la vida de las comunidades, de una familia, o de una persona. Si se **comía** el cuerpo de un animal muerto, las virtudes de ese animal, su fuerza, su **valentía**, su ligereza, pasaban a las personas que **consumían** su carne. En la Edad Media europea era **común** el incorporar al nombre de una persona el de un animal, como ocurre con Leonardo (**corazón** de **león**). Toda la **mitología** antigua, cuyas **magníficas** historias **aún** se cuentan, habla de milagrosas transformaciones de seres humanos en animales. No es extraño pues que eso ocurra **también** en la **mitología** cubana.

Capítulo 2

2.1.a

1. ella	2. ellos	3. nosotras (nosotros)	4. ellos	5. él
6. ellas	7. ellos	8. ellos	9. ustedes	10. ellas

2.1.b

1. <u>Nosotros</u> **fuimos (V)** a ver la obra de teatro. (pronombre personal)
   (S)   (P)

2. <u>Alex y María</u>   **estudian (V)** en California. (nombres propios)
     (S)   (P)

3. **Llegué (V)** tarde a la función. (yo, pronombre personal sobrentendido o tácito)
     (P)

4. <u>La diosa Luna</u> le **hizo (V)** un regalo al indio. (frase nominal: **diosa (N)**)
     (S)   (P)

5. <u>Los argentinos y los uruguayos</u> **toman (V)** un té de yerba mate. (frase nominal:
           (S)   (P)   **argentinos(N), uruguayos (N)**)

6. <u>La clase de español</u> **empieza (V)** a las nueve de la mañana. (frase nominal: **clase (N)**)
      (S)   (P)

7. <u>Ricky Martin</u> **cantó (V)** la canción oficial del Mundial '98. (nombre propio)
    (S)   (P)

8. <u>Ustedes</u> no **pudieron (V)** terminar el examen. (pronombre personal)
   (S)   (P)

9. **Terminaste (V)** la tarea muy temprano. (tú, pronombre personal tácito)
    (P)

10. <u>El presidente</u> **tiene (V)** un problema muy serio. (frase nominal: **presidente (N)**)
   (S)   (P)

2.2.a

1. **F** 2. **M** 3. **F** 4. **M** 5. **M** 6. **F** 7. **M** 8. **F** 9. **F** 10. **F** 11. **M** 12. **F** 13. **M** 14. **M**

15. **F** 16. **F** 17. **F y M** 18. **F** 19. **F** 20. **F** 21. **F** 22. **M** 23. **F** 24. **F** 25. **F** 26. **M** 27. **M**

28. **M** 29. **F** 30. **F** 31. **F y M** 32. **F y M** 33. **F y M** 34. **M** 35. **F**

2.3.a

1. lombrices	10. exámenes	19. raíces
2. bebés	11. caracteres	20. tabúes
3. ingleses	12. rapaces	21. misiones
4. coquíes	13. viernes	22. cicatrices
5. países	14. perdices	23. coatíes
6. análisis	15. antifaces	24. cebúes
7. rubíes	16. leyes	25. matrices
8. mansiones	17. estaciones	
9. sábados	18. ángeles	

2.3.b
1. No puedo ir a tu casa por muchas **razones**
2. Todas las **veces** que te veo estás con ese hombre.
3. No se puede vivir con **estrecheces.**
4. Los **jóvenes** son los preferidos de los dioses.
5. En el club estaban apagadas las **luces.**
6. En el juego de cartas españolas los aces superan a los **reyes.**
7. Compré una butaca y dos **sofás** (o **sofaes**).
8. Los **colibríes** se llaman también pájaros mosca.
9. Mi hija adora a las **estrellas** de la canción popular.
10. El alcohol le producía extrañas **visiones.**
11. Las brujas usan **escobas** como medios de transporte.
12. Ese hipócrita es persona de muchas **faces.**
13. No sé cocinar los **salsifíes.**
14. Se me descompusieron los **relojes.**
15. Las **mamás** de la escuela se reunieron en el patio.

2.3.c
1. Estaba muy pálida y se puso **polvos** en la cara.
2. El cielo se oscureció con **el polvo** de la explosión.
3. Es increíble **la facilidad** con que miente.
4. El banco me dio **facilidades** para pagar la deuda.
5.
6. Empeñó **sus bienes** para viajar a Europa.
7. Juan es un hombre de **bien** y no engaña a nadie.
8. A veces confundo **la letra** C con las zetas.
9. Estudia Filosofía y **Letras.**
10. Esa actriz hizo **un buen papel** en la película.
11. Perdió **los papeles** de inmigración.

2.4.a
1. plum**ita**
2. cop**ita**
3. pe**cesito**
4. cuadern**ito**
5. mes**ita**
6. comp**asito**
7. lapi**cito**
8. señor**ito**
9. novi**ecita**
10. fo**quita**
11. juguet**ito**/juguet**ico**
12. peta**quita**
13. hama**quita**
14. mas**ita**
15. la**cito**
16. peda**cito**
17. mujer**cita**
18. viej**ito**/viej**ecito**
19. licor**cito**
20. pastel**ito**
21. calor**cito**/calor**cillo**
22. ro**quita**
23. ros**quita**/ros**quilla**
24. carg**uita**
25. puer**quito**

2.4.b
1. jarrón, jarrote, jarrazo
2. camisón, camisota
3. librón, librote , librazo

4. 44zapatón, zapatote
5. hombrón, hombrote, hombrazo
6. mujerona, mujerota, mujeraza
7. animalote, animalazo
8. paquetón, paquetote, paquetazo
9. muñecón, muñecote, muñecazo
10. gigantón, gigantote, gigantazo
11. bocona, bocota, bocaza
12. piernota, piernaza
13. mordiscón, mordiscazo
14. portón, portona, puertota
15. muchachona, muchachota

2.5.a
1. Me compré un pez dorado en la casa donde se venden **peces** de colores.
2. Haz lo que quieras, pero si lo **haces** mal te arrepentirás.
3. Al comenzar el año, yo **comencé** las prácticas de fútbol.
4. Quise gozar de la vida pero sólo **gocé** de ella poco tiempo.
5. Para mantener la paz familiar, hicimos la **paces** solemnemente.
6. No se trata sólo de rezar: por más que **reces** no obtendrás el perdón.
7. El capataz de esa hacienda es el mejor de todos los **capataces** conocidos.
8. Me pediste un lápiz y te traje tres **lápices.**
9. Vi el tapiz del Unicornio, uno de los más bellos t**apices** renacentistas.
10. Peor que la vejez física son las **vejeces** del alma.

2.5.b
1. sol**cito**
2. corazon**cito**
3. nari**cita**
4. baile**cito**
5. cancion**cita**
6. flor**cita**/flor**ecilla** /flor**ecita**
7. la**cito**
8. pie**cito**/piece**cillo**
9. tro**cito**
10. pla**cita**
11. oracion**cita**
12. altar**cito**
13. leccion**cita**
14. bra**cito**
15. mo**cito**
16. monte**cito**
17. coche**cito**
18. guion**cito**
19. cafe**cito**
20. pan**ecillo**, pan**ecito**, pan**cito**

2.5.c
1. prohibición
2. exhibición
3. acción
4. revisión
5. mansión
6. visión
7. constitución
8. misión
9. ficción
10. agresión
11. expresión
12. creación

2.6
1. El pantalón está roto; lo voy a **coser** esta tarde.
2. Hay que **cocer** la carne al horno por lo menos una hora.
3. Ella se **resiente** cuando le gritas.
4. Esta es la novela más **reciente** del colombiano García Márquez.

5. Hay más de **cien** personas en la fiesta.
6. Se golpeó cerca de la **sien**; por eso le duele la cabeza.
7. Bambi es un **ciervo** muy bello.
8. En la Edad Media se llamaba **siervos** a los esclavos.
9. Por favor, **cierra** la ventana que hace mucho frío.
10. Necesito una **sierra** para cortar la pata de la silla.
11. Por mucha medicina que tome, yo no **ceso** de toser.
12. Dicen que el **seso** de la vaca frito es muy sabroso.
13. En la capital, está la **sede** de la iglesia católica.
14. Es muy arrogante y nunca **cede** el paso a nadie.
15. El alpinista subió a la **cima** de la montaña.
16. El avión cayó en una profunda **sima.**

2.7.a
1. reliquia
2. se rebeló
3. sabiduría
4. animó
5. cacarearon
6. engendra
7. ansían
8. alaban
9. crónicas
10. confieren

2.7.b
1. luchas   2. seres   3. fatigados   4. recopilación   5. relatar

2.8.a
Agudas: alabar, animar, cacarear, conferir, engendrar, recopilación, relatar
Llanas: ansiada, crónicas, espadañas, fatigosas, juncos, luchas, rebelarse, reliquias, sabidurías, seres
Esdrújula: crónica

2.8.b
Hay un total de 12 palabras agudas de dos o más sílabas, sin tilde, en la lectura: adorar, amanecer, capaz, conseguir, crear, entender, hablar, lugar, muscular, pronunciar, superior y vigor.

2.8.c
Como hay muchísimas en la lectura que caen en esta categoría, sólo se transcriben las veinte siguientes:
alimento, conocido, construyeron, costumbres, espacio, fatigosas, fina, Guatemala, hombre, indios, juncos, leyenda, madera, misterioso, nada, nuevos, plantas, tierra, todo, universo.

2.8.d
Estas son unas de las muchas palabras con diptongos que se pueden encontrar en el texto:
agua, comienzos, creación, descripciones, dioses, bien, europeos, fueran, Guatemala, hicieron, historia, misterioso, espacio, reunidos, ruido, silencio, consiguiente, tierra.

Palabras en las que el diptongo queda disuelto por el acento:
aún, crecía, derretía, existía, había, maíz, mantenía, movía, podía, sabiduría.

2.8.e
Respuestas posibles:
  a. animales: pájaros, gato, coyote, cuervo, cotorra, mono
  b. cosas: libros, reliquias, madera, harina
  c. indicaciones geográficas: universo, mares
  d. sustantivos propios: Guatemala, Huracán
  e. nombres abstractos: historia, silencio, alabanza, poderes, solución, secretos, fuerza

2.9
La historia del Popol Vuh o Libro del Consejo es un poco la **síntesis** de las **características** de la conquista de **América**. Es **quizá** el libro **más** antiguo y **más** completo sobre la **mitología** maya-**quiché,** propia de los pueblos que **vivían** en la **región** de Guatemala. En ese libro se habla de los dioses, de la **creación** del mundo, del origen de los seres humanos, de las guerras reales o imaginarias entre dioses y hombres. Todas esas leyendas **estarían** perdidas a **raíz** de la terrible **destrucción** de la **civilización** maya dirigida por el conquistador Pedro de Alvarado. Los jesuitas encargados de la **educación** de los **indígenas** evitaron la **pérdida** de muchos documentos mayas, recogieron las leyendas y escribieron este libro. No sabemos **qué** parte es **auténtica** y **qué** parte una **elaboración** de esos religiosos españoles. Un estudioso **francés**, Georges Baudot, **organizó** los materiales y le dio forma definitiva al texto. El Popol Vuh se **difundió** por el mundo entero. Con los recientes descubrimientos **arqueológicos** en las regiones del dominio de los mayas, la historia de esta **magnifica** y misteriosa **civilización** se va haciendo **más** clara. El valor de su **espléndido** arte y de su literatura justifica que esa **civilización** maya-**quiché** haya sido comparada con la **civilización clásica** de Grecia. Es la Grecia de la cultura aborigen hispanoamericana.

Capítulo 3

3.1
1. **Los** músicos pusieron ___ notas en **el** pentagrama.
2. **El** doctor Albuerne me encontró sana.
3. Buenos días, ____ señor Pérez, ¿cómo está usted?
4. Para ir a **la** fiesta me puse **los** zapatos nuevos.
5. **La** tolerancia es **la** virtud **del** ciudadano.
6. Iré **al** café para escuchar **la** orquesta.
7. **La** solución **del** teorema era bastante fácil.
8. **El** ansia de vivir lo perdió para siempre.
9. Debes evitar **la** ansiedad que **la** espera te causa.
10. **Las** ansias de verte me mantienen despierto.
11. **El** problema que tienes se resolverá algún día.
12. Me gusta **el** arroz con caldo.
13. "**Las** aguas bajan turbias" es una vieja película mexicana.
14. **El** águila es **el** emblema de **la** moneda de México.
15. En ese cuento, **el** hada madrina le convierte **el** vestido en un traje lujoso a **la** muchacha.
16. **El** haba es un tipo de frijol verde.
17. **Lo** importante de **la** campaña presidencial es **el** plan de gobierno.
18. Muchas veces, **lo** bueno no es **lo** mejor.
19. Le he escrito **al** director **del** periódico protestando por el artículo **del** domingo.
20. El padre de **la** niña la sacó de **la** escuela **del** barrio.

3.2.a
1. **Un** águila voló cerca de **una** pirámide egipcia.
2. Mi marido es ___ profesor de español en **una** universidad cercana.
3. Debes elegir entre ser _____ médica o ser _____ abogada.
4. Adquirió _____ fama en _____ otro país.
5. Se casaron bien porque eran _____ tal para _____ cual.
6. Esos pobres prisioneros sentían **un** hambre canina.
7. En el escudo se veía **un** águila azul con **un** ala blanca.
8. Mi suegra es ___ católica, pero no es **una** católica fanática.
9. García Márquez es **un** gran escritor colombiano.
10. **Un** equipo argentino de fútbol es **un** grupo extraordinario.

3.2.b
1. **Los** brasileños son grandes jugadores de fútbol (grandes futbolistas).
2. **La** leche es buena para **los** huesos.
3. Por favor, quítese / quítate (sáquese/ sácate) **el** sombrero.
4. El señor López y la señora Rodríguez son los nuevos maestros (profesores) de español.
5. La belleza y el amor son lo más importante en la vida.
6. Me encanta (fascina) el fútbol.
7. Rosario Ferré es escritora. Es una escritora puertorriqueña.
8. Frida Kalho era (fue) una famosa pintora mexicana.
9. No tengo clases **los** viernes.

10. Me voy a poner (pondré) el vestido rojo.

3.3.a
1. Dicen que me **parezco** a mi madre, pero no veo el **parecido**.
2. Más vale lo malo **conocido** que lo bueno por **conocer**.
3. Espero que llegue pues la **esperanza** nunca se pierde.
4. No me molesta la **estrechez** del cuarto pues estoy acostumbrada a las **estrecheces**.
5. Me llamaste no una **vez** sino mil **veces**.
6. Hay diferencias entre ser mujer y **mujerzuela**.
7. No **produzco** mucho, pero me quedo con todo lo **producido**.
8. No pudo escapar al **hechizo** de sus ojos.
9. Juan usa peluca y bigotes **postizos**.
10. Mario es pequeño pero su **pequeñez** no le preocupa.
11. Admiro la **fortaleza** espiritual de Teresa.
12. Es hombre delicado y la **delicadeza** es una rara virtud.
13. Del antiguo nombre Bermudo deriva el apellido **Bermúdez**.
14. Yo no **reconozco** a ese joven.
15. Las **lombrices** son **huidizas**.

3.3.b
1. alabanza
2. delicadeza
3. andanza
4. rapidez
5. tristeza
6. vejez
7. belleza
8. maleza
9. alteza
10. sensatez
11. viudez
12. tardanza
13. crianza
14. venganza
15. fortaleza
16. pobreza
17. maleza
18. confianza
19. fineza
20. llaneza

3.3.c
1. golazo
2. portazo
3. exitazo
4. carrazo
5. cambiazo
6. manaza
7. bombazo
8. sueldazo
9. cabezazo
10. pelotazo
11. sombrerazo
12. solazo
13. golpazo
14. sablazo
15. codazo

3.4.a
1. ¿**Quién** llama a la puerta? Ojalá que sea tu padre.
2. Quien espera, desespera.
3. Me pregunto **quién** será el ganador del premio.
4. ¡**Cómo** me divierto en Las Vegas!
5. Así como me divierto, gasto también dinero.
6. De todos estos jóvenes, ¿con **cuál** te casarías?
7. Son muy compañeros, pero me pregunto **cuánto** les durará.
8. Mereces todo cuanto deseas.
9. ¿**Cuándo** vendrá Leonardo?

10. Cuando renuncie el presidente, el país volverá a la normalidad.
11. Nos encontraremos donde la suerte nos lleve.
12. ¿**Dónde** podré vivir sin ser reconocido?
13. ¡**Qué** noche tan hermosa la que pasé a tu lado!
14. Como temo a los ladrones, escondo el dinero donde guardo las joyas.

3.5.a

1. miseria
2. riendas
3. astucia/mañoso
4. a manos llenas
5. rechazó/plazo
6. sin contemplaciones
7. tabaquera
8. gaucho
9. fragua
10. herrerías

3.5.b
1. venia   2. reposar   3. conceder   4. dones   5. astucia/mañas

3.5.c
1. San Pedro se asombraba al ver **lo astuto** que era Miseria.
2. **Lo demoníaco** de nada sirvió a los demonios.
3. La gracia del personaje es **lo bueno** del relato.
4. **Lo que** el Diablo sabe por Diablo, Miseria lo sabe por viejo.
5. Jesucristo y San Pedro tuvieron un **problema** con el caballo.
6. San Pedro dudó de **la religiosidad** de Miseria.
7. Los demonios no podían descender **del árbol**.
8. Por último, llegó el fin **del plazo** concedido.
9. Miseria se cansó de vivir **la vida loca**.
10. Al morir, Miseria fue **al infierno**.

3.6.a
En toda la **extensión** de la **América** latina se ha desarrollado un tipo de literatura de costumbres vinculado con el costumbrismo europeo. En el Río de la Plata **surgió** en el siglo diecinueve la literatura gauchesca, cuya **representación más** alta es el <u>Martín Fierro</u> de **José Hernández**. Esa literatura presenta el modo de vivir del campesino, llamado gaucho en la Argentina, Uruguay y Brasil. El gaucho es un trabajador rural que, como el "cowboy" americano, vive del transporte del ganado y del comercio ganadero. Necesita para ello desarrollar las **técnicas** del adiestramiento y el manejo del caballo; es generalmente un **habilísimo** jinete. Usa el cuchillo para carnear a los animales, y para defenderse en la pelea contra otros seres humanos, especialmente los indios que habitan en los **límites** extremos de la pampa. Caza a los animales con boleadoras o lazos. Sabe domar un potro, herrarlo y marcarlo con las iniciales de su dueño. Como todo ser humano, experimenta la **pasión** amorosa y canta, **acompañándose** de la guitarra, sus penas de amor.

Capítulo 4

4.1.a
1. **Este** vestido es muy caro.
2. **Esos** sombreros son muy elegantes.
3. Voy a comprar **estas** camisas y **esos** zapatos.
4. Mira **aquella** casa que está lejos en la montaña, parece un castillo.
5. **Esta** clase es muy fácil.
6. **Esa** muchacha y **aquélla (ésa)** que lleva el vestido negro son actrices.
7. **Este** escritorio y **ése (aquél)** están rotos.
8. Mi abuela siempre habla de **aquellos** días de su niñez y dice que en **ésa (aquélla)** época sí había respeto.
9. Qué es **eso**?
10. **Este** programa es aburridísimo.

4.1.b
1. **Esa** película que están viendo los niños es muy divertida.
2. **Esos** muchachos que están en el patio son amigos de mi hija.
3. No me siento bien, en **estos** días me ha dolido mucho la cabeza.
4. Cuando era niña vivía en Santiago; **aquéllos** fueron días inolvidables.
5. En **ese** momento en el que ella salía con su amante, llegó su marido. **Eso** sí que fue un escándalo impresionante.
6. **Eso** que me contaste, es realmente increíble.
7. **Esta** tarde pienso visitar a mi abuelita porque es su cumpleaños.
8. **Este** pollo que estamos comiendo es riquísimo, ¿Con qué hiciste la salsa?
9. **Esta** salsa está sacada de una vieja receta mexicana.
10. Yo nunca imaginé que el fanatismo llevara a las personas a hacer **eso**.

4.1.c
1. 1. Enrique llegó en **su** nuevo automóvil.
2. Ana y **su** novio llegaron tarde.
3. Tú y **tus** hermanas son muy simpáticas.
4. Marcela perdió **su** chaqueta en el parque.
5. Mi esposo y yo extrañamos mucho a **nuestro** hijo; por suerte todavía **nuestra** hija vive con nosotros.
6. Me encanta García Márquez, **sus** novelas son muy interesantes.
7. Marcela, dime, ¿quién es **tu** cantante favorito?
8. **Mi** cantante favorito es Ricky Martin.
9. Los Gimeno vinieron en **su** auto nuevo, que es hermosísimo.
10. Desde que me caí, me duele mucho **el** brazo.
11. Los niños salieron con **su** abuelo.

4.2.a
1. Sonia nació en Francia, y las mujeres **francesas** son muy finas.
   Pierre nació en Francia, y los hombres **franceses** son muy finos.
2. Carlos es un joven **elegante**. Viste muy bien.

Juana es una joven **elegante**. Viste muy bien.
3. Es un cantante **excepcional**; ganó todos los premios
Es una cantante **excepcional**; ganó todos los premios.
4. Santa Teresa era una santa **milagrosa**.
San Bartolomé era un santo **milagroso**.
5. No quiero discutir con ella; es una mujer muy **peleadora**.
No quiero discutir con él; es un hombre muy **peleador**.
6. La cabra come los tallos **tiernos** de esa planta.
La cabra come las hojas **tiernas** de esa planta.
7. Ese vestido **verde** te sienta muy bien.
Esa corbata **verde** te sienta muy bien.
8. La **amable** empleada me trató a las mil maravillas.
El **amable** empleado me trató a las mil maravillas.
9. El buen caballero debe tener una actitud **cortés**.
El buen caballero debe tener un comportamiento **cortés**.
10. Mi primo tiene un **fuerte** acento irlandés.
Mi primo tiene una voz muy **fuerte**.

4.2.b
1. María Elena saborea **los tamales dulces**.
2. **Los turistas ingleses van** a España todos los años.
3. **Los gatos son** por naturaleza **animales dormilones**.
4. **Las personas jóvenes deben** prepararse para el futuro.
5. En **estas empresas, los jefes son hombres haraganes y descorteses**.

4.2.c
En este ejercicio, las muy variadas respuestas dependerán de la perspectiva de los estudiantes.
Las respuestas que aparecen aquí, son sólo algunas de las posibilidades.
1. la noche **oscura, inmensa, fría, negra**
2. la fiesta **alegre, divertida, animada, entretenida**
3. la primavera **hermosa, colorida, alegre, bonita**
4. las montañas **altas, nevadas, inmensas, grandes**
5. el cementerio **triste, misterioso, grande, silencioso**
6. los políticos **hipócritas, astutos, inteligentes, famosos**
7. el mar inmenso, **verde, misterioso, frío, peligroso, profundo**
8. los jardines **bonitos, lindos, bellos, coloridos, floridos**
9. la ciudad **grande, ruidosa, interesante, animada**
10. las guerras **crueles, terribles, malas, espantosas, tristes**

4.3.a
1. a. explicativo   b. especificativo
2. a. explicativo   b. especificativo
3. a. especificativo   b. explicativo
4. a. explicativo   b. especificativo
5. a. especificativo   b. explicativo

4.4.a
1. a. El **pobre** hombre padecía de grandes enfermedades,
   b. El hombre **pobre** no puede mantener a una familia.
2. a. Mi amiga **vieja** me comprende mejor que las jóvenes.
   b. Mi **vieja** amiga me conoce desde la infancia.
3. a. Ford ha fabricado un auto **nuevo** de muy bajo precio.
   b. He asegurado el **nuevo** auto en otra compañía.
4. a. La madre Teresa era una **gran** persona.
   b. El boxeador es una persona **grande**.
5. a. Me sorprendió ver que era la **misma** maestra del grado anterior.
   b. La maestra **misma** corrigió los exámenes.
6. a. La **única** novela de Rubén se agotó rápidamente.
   b. Es una novela **única:** no hay otra igual en nuestra literatura.

4.4.b
1. Marcela fue al baile con su **elegante** novio.
2. Entre los cantantes famosos que participaron en la producción de la canción "El último adiós" se encuentran la **simpática** Celia Cruz, la **bella** Shakira y el **guapísimo** Ricky Martin entre muchos otros **talentosos** artistas (o artistas **talentosos**).
3. Pon las naranjas **agrias** en esa cesta **amarilla**.
4. El **gran** escritor **cubano**, Alejo Carpentier, murió en Francia.
5. A los señores Menéndez los mataron sus **propios** hijos.
6. No tiene un centavo, es un hombre **pobre**.
7. Las **verdes** palmeras (o las palmeras **verdes**) le dan un ambiente tropical al patio.
8. Me emociono cuando mi bebé me mira con sus **dulces** ojos **azules**.
9. Gabriela compró una **nueva** casa. Tiene un jardín **grande**, con mucho lugar para sus perros. Es una casa **vieja**, pero cuando la pinte será una casa **bella**.

4.4.c
1. Laura regresó (volvió) con su viejo novio.
2. El pobre niño perdió a su perro, su único amigo.
3. Esa sortija (Ese anillo) debe ser muy cara(o). Es una joya única. Picasso mismo lo(la) diseñó.
4. El equipo no juega (está jugando) con la misma arquera (portera). Esta chica (muchacha) es una nueva arquera.
5. El dinero de la rifa va a ayudar a las familias pobres.

4.5.a
1. Ayúdame, por favor. **Aquí** tengo la cacerola y me está quemando la mano.
2. Veo **allá** en el horizonte una nube amenazadora.
3. Dejé el billete de lotería **dentro** de la bolsa del pan.
4. No te escondas **detrás** de la puerta; es peligroso.
5. El refrán dice: Quien **mucho** abarca, **poco** aprieta.

4.6.a
1. El cocodrilo es un animal **más** peligroso **que** el delfín.
2. Treinta grados Fahrenheit indican **más** frío **que** cero grado centígrado.
3. Ser millonario es **mejor que** ser pobre.
4. El gobernador de Florida es (**mejor, peor, mayor**) que su hermano, el Presidente. (La respuesta puede variar)
5. El español es **más** fácil **que** (**tan fácil como**) el chino. (La respuesta puede variar)
6. En la Argentina, el peso vale **menos que** el dólar.
7. La economía es el problema **peor** de nuestro tiempo.
8. En el matrimonio ideal, la mujer es siempre **más** (adjetivo: **inteligente, rica, amable,** etc.) **que** el hombre o **tan** (**inteligente, rica independiente,** etc) **como** el hombre. (La respuesta puede variar.)
9. En el casino perdí mucho dinero, perdí **más de** doscientos dólares.
10. Ese automóvil no costará **más de** (o **que**) siete mil dólares.

4.7.a
1. Este reloj me ha dado un resultado **buenísimo.**
2. Vi en la tienda a una niña **hermosísima.**
3. El gerente de la empresa cobra un sueldo **grandísimo.**
4. Las amazonas eran mujeres **fuertísimas** (o **fortísimas**).
5. Tiene un gusto **malísimo.** Viste como un payaso.
6. En Inglaterra, el salario **mínimo** es de ocho dólares la hora.
7. Es más que bueno, es una persona **santísima.**
8. El Papa es la autoridad **máxima** de la Iglesia.
9. La casa de mis padres está **lejísimo.**
10. Son unos estudiantes **aplicadísimos.** Nunca faltan.

4.8.a
1. La lucha contra las drogas es muy complicada: <u>esos</u> militares que combaten el narcotráfico acusan a <u>aquéllos</u> que no lo hacen.
2. Si quieres ser feliz elige bien a tu compañera: <u>ésta</u> no te conviene y <u>ésa</u> que no te gusta es la mejor elección.
3. <u>Esa</u> guitarra no suena bien: <u>ésa</u> es la causa de tu fracaso como músico.
4. <u>Aquél</u> es el campeón de boxeo y <u>ése</u> otro es su entrenador.
5. Desconfía de <u>aquéllos</u> que se dicen ser tus amigos.
6. <u>Eso</u> no es lo que más me agrada.
7. No me acuerdo de <u>esa</u> tarde, pero si de <u>aquella</u> noche,
8. No me gusta <u>esta</u> ropa ni <u>esa</u> corbata. <u>Aquellos</u> zapatos son muy feos.
9. <u>Estas</u> fresas están podridas, <u>ésas</u> en cambio no.
10.   Volverán las oscuras golondrinas
        de tu balcón sus nidos a colgar...
        pero <u>aquéllas</u> que el vuelo refrenaban
        tu hermosura y mi dicha al contemplar;
        <u>aquéllas</u> que aprendieron nuestros nombres,
        <u>ésas</u>... ¡no volverán! (Gustavo A. Bécquer)

4.8.b
1. Yo **sé** que **tú** no se lo diste a **él.**
2. Tu madre y mi madre están tomando un **té** con galleticas en el patio
3. Si me lo pregunta a **mí** le diré que **sí.**
4. ¿**Qué** es lo que quiere Juan que **tú** le digas a tu suegra?
5. Espera que usted le **dé** el dinero de su hermano a **él.**
6. Eso es lo que **tú** dices, pero no lo que tu hermano hace.
7. Mi prima trajo un regalo: ¿es para ti o para **mí**?
8. ¿**Quién** te dijo a ti que tu familia no quería a tu novio?
9. **Sé** lo que quieres ser, y no aquello que se espera de ti.
10. No **sé** si sabes tu lección, pero **sí sé** que **tú** conoces tu obligación.

4.8.c
Madre   - Si **tú** quieres te hago un **té** de manzanilla; le **preparé** uno a tu hermana; se lo **tomó** todo y le **cayó** muy bien.
Hija   - **Sí**, por favor.
Madre   - ¿**Cómo** lo quieres? ¿con o sin **azúcar**?
Hija   - Hazlo como sea. Yo **sé** que me va a tranquilizar.
Madre   - Hija; es que el **té** es muy bueno para calmar la **tensión.** Carlos debe tomarse uno **también.** ¿Le preparo uno a **él también**?
Hija   - No **sé. Pregúntaselo** a él.

4.8.d
1. Las flores que puse en la mesa, las trajo Alex porque hoy es el cumpleaños de mi **mamá; él** es siempre muy **cortés** con todos. Hoy por la tarde **vendrá** a cenar con nosotros. Esta cena **será** muy elegante; por eso voy a poner aquel mantel que **compré** en **México: ése** es precioso y **lucirá** muy lindo con estos platos de **cerámica** o **quizás** mejor con esos azules que usamos el **miércoles.** ¡**Qué** bonito va a quedar todo! ¿**Cuántas** personas crees que **vendrán**? Casi veinte y quiero que todo **esté** listo para cuando lleguen.
2. Si Alex me pidiera que fuera su novia, yo le **diría** que **sí.** Yo **sé** que tiene **interés** en **mí** pero es muy **tímido** y un poco **débil** de **carácter.** Pero me gusta, porque **además** de guapo e inteligente, es un **ángel** de bueno. Me parece que se lo voy a decir yo directamente; le voy a proponer que sea mi novio. ¿**Tú** crees que **haríamos** buena pareja? ¿Crees que **aceptará**? ¡**Ojalá**! Siempre me interesa tu **opinión.**

4.9.a

pobreza	constancia	alabanza	pasión	estación
conducir	conduzco	lacito	vistosa	fervoroso
espacio	estadounidense	malísima	veces	alabanza
parentesco	maleza	convulsión	felices	famoso

4.9.b
1. Ese joven es muy **mentiroso.**
2. El perro está **rabioso.**
3. Carlos es muy **caballeroso.**
4. La película es **espantosa.**
5. No hay que ser tan **rencoroso.**
6. Otelo era **celoso.**
7. Mozart era un músico **prodigioso.**
8. Es una niña **amorosa.**
9. Es una flor muy **olorosa.**
10. Es una ciudad **peligrosa.**

4.9.c
1. En la Edad Media, la **caza** de animales era un deporte popular.
2. La fiesta será en la **casa** de Juan que es grande y tiene un lindo jardín.
3. Luis Miguel es un cantante con una linda **voz.**
4. Para su cumpleaños le voy a enviar una docena de **rosas.**
5. Esta **vez** no voy a permitir que me grites.
6. Si tú no lo **ves** es porque estás ciego.
7. El fuego **abrasó** todos los edificios del barrio.
8. Hay que **abrazar** a los hijos mucho para expresarles gran cariño.
9. Se moría de **risa** cuando le conté lo que me pasó.
10. Me pongo una gelatina que **riza** el pelo, porque odio el pelo lacio.
11. Nena, por favor, **haz** la tarea. Si para las siete de la noche no la **has** terminado no podrás ver la televisión.
12. Apaga la calefacción, que me **aso.**
13. El murciélago me **rozó** la cara con sus alas.
14. Compré este juego de tazas de café en un **bazar** iraní.
15. Me besó y me **abrazó** con gran cariño.

4.10.a

| 1. fuegos fatuos | 2. de hito en hito | 3. alabastro | 4. guaridas | 5. fascinado |
| 6. funesta | 7. en pos del | 8. fosfórico | 9. lúgubre | 10. fugaz |

4.10.b

| 1. trasgo | 2. primogénito | 3. funesta | 4. febril | 5. morar |

4.11.a
Las respuestas serán variadas.
aquel sitio, aquel rumor, aquella mujer, estos lugares, esta vida, estas aguas, este lago, estas palabras.

4.11.b
Abundan los adjetivos descriptivos en la lectura y las respuestas serán por consiguiente muy variadas. Estos son algunos de ellos, enumerados aquí según el orden de aparición en el texto:

verdes, viejo, extraña, espantados, funestas, flotantes, indescriptibles, misteriosa, profunda, inmóvil, desconocidos, inefable, invisibles inmortal, hermosa, profunda, pálidas, rubíes, débil, ligera, fascinado, demente, puro, incorpórea, fugaz, transparente, superior, extraño, fantástica, límpido, largas, infectas, delgados, flexibles, fría, ardorosos, sordo, lúgubre.

4.11.c
Las respuestas serán variadas.
especificativos: ojos **verdes**, rumor **indescriptible**, fuente **misteriosa**, balsa **profunda**, rumores **desconocidos**, mujer **hermosa**, noche **profunda**, pestañas **rubias**, suspiro **débil**, sudor **frío**, brillo **fosfórico**, espíritu **puro**, mortal **superior**, mujer **misteriosa**, brazos **delgados** y **flexibles**, sensación **fría**, labios **ardorosos,** rumor **sordo** y **lúgubre**

explicativos: **funestas** predicciones, **inmóvil** superficie, **inefable** melancolía, **invisibles** espíritus, **inmortal** espíritu, **misterioso** velo, **misteriosa** amante, **ligera** honda, **fantástica** hermosura, **límpido** fondo, **largas** y **verdes** hojas

4.11.d
tus errantes excursiones, **tus** funestas predicciones, **tu** superstición, **sus** mil rumores, **su** inefable melancolía, **sus** matorrales, **sus** ondas, **su** fondo, **mi** puesto, **su** haz, **sus** cabellos, **sus** pestañas, **mis** padres, **tu** patria, **tu** busca, **su** falda, **su** margen, **sus** rizos, **sus** hombres, **sus** pupilas, **su** brillo, **su** fantástica hermosura, **tus** horas, **nuestras** frentes, **su** cuello, **su** cuerpo

4.11.e
Busque en el texto 4 palabras que terminen en z y páselas al plural; transcriba además dos palabras con **s, c** o **z** que tengan un homófono y escriba el homófono al lado.
Palabras que terminan en **z**: vez **(veces)**, haz **(haces)**, luz **(luces)**, voz **(voces)**, fugaz **(fugaces)**, **capaz (capaces)**
Homófonos con **s, c** y **z**: **has/ haz,   ciervo/siervo,   riza/risa,   caza/casa,   voz/ vos**

4.12.a
Gustavo Adolfo **Bécquer** es uno de los mejores escritores en lengua española. Es autor de <u>Rimas</u> y <u>Leyendas</u> (1871). Sus <u>Rimas</u> han influido extraordinariamente en la **poesía contemporánea.** Sus <u>Leyendas</u> han impuesto en la **creación** literaria moderna un nuevo sentido de la **imaginación.** La sensibilidad de **Bécquer** coincide con el misterio y la **emoción** de los lugares y los personajes que describe. Se trata, claro **está**, de leyendas literarias, es decir, elaboraciones **artísticas** de temas y motivos legendarios. Nosotros hemos **leído,** y leeremos **más** adelante, leyendas **folklóricas** de los pueblos de **América**; en esos casos, las leyendas reproducen, casi sin trabajo **estilístico,** las creencias de esos pueblos. No se viven como imaginaciones; son realidades por todos aceptadas y ante las cuales el individuo siente **veneración,** respeto o temor. **Bécquer,** y los escritores que aceptan **su fórmula** creativa, toma un asunto de la **tradición** europea, como es el caso de la leyenda que hemos **leído,** y lo convierte en una **expresión** de su personal trabajo **artístico,** en una **bellísima** joya labrada con un talento **fantástico.** En el caso de <u>Los ojos verdes</u>, el autor toma el motivo de la "dama del lago", que aparece en muchos otros autores como Walter Scott, por ejemplo, y lo inserta en un lugar de España. Pero Fernando y el narrador que describe el paisaje son una **proyección** del autor mismo que vive esa historia como si fuera **autobiográfica** y siente en su propia persona la **atracción** de esa mujer **demoníaca.**

Capítulo 5

5.1.a

1. El cocinero del rey [**preparó** una deliciosa comida para la fiesta de esa tarde].
      FN   **V**   **FV**

2. Nosotros [**queremos** la libertad de todos los presos políticos].
    FN   V   FV

3. La simpática María [**salió** de paseo con su hijo muy tempranamente.]
      FN   V   FV

4. La solución de nuestros problemas [**será** lograda por nosotros mismos.]
        FN   V   FV

5. Los dos niños [**estaban** fuera de casa esa terrible noche del terremoto.]
     FN   V   FV

6. El mago Merlín [**ayudó** a los caballeros ingleses.]
     FN   V   FV

7. Yo [**pienso** regalarle a mi mujer un vestido color rosado.]
  FN   V   FV

8. Los mejores estudiantes [**irán** a las universidades más prestigiosas.]
     FN   V   FV

9. Las Naciones Unidas [**denunciaron** la agresión contra el país africano.]
      FN   V   FV

10. El amor por los demás [**empieza** con el amarse a uno mismo.]
     FN   V   FV

5.2.a

1. amo
2. vendemos
3. desisten
4. comprendes
5. descubre
6. caminanos
7. desata
8. percibo
9. partimos
10. esconden

5.2.b

1. Por lo general, los marineros **abandonan** el barco averiado.
2. Nosotros **recibimos** un aumento de sueldo.
3. La adivina **vende** caras sus predicciones.
4. A caballo regalado no se le **mira** el diente.
5. Quien mal **anda** mal **acaba**.
6. Margarita **cumple** veinticinco años.
7. Se ve en el horizonte cómo se **queman** los árboles.
8. Las campanas de la iglesia se **sacuden** con el viento.
9. Juana **descubre** siempre las maldades de su marido.
10. Los elefantes **destrozan** la vegetación africana.

5.3.a

1. Alex **quiere** ir a la fiesta de Alicia pero nosotros **queremos** ir al cine. ¿Qué **quieren** hacer ustedes?
2. Anita, ¿a qué hora **empiezas** a trabajar?

Yo **empiezo** a las nueve y Enrique **empieza** a las ocho.

¡Qué bien! Tú y yo **empezamos** a la misma hora, podemos ir juntos.

3. ¿Qué **piensan** hacer ustedes en las vacaciones?

Nosotros **pensamos** viajar a Buenos Aires para visitar a la familia.

4. En mi casa nadie tiene el mismo gusto musical. Mis hijos **prefieren** la música Pop; mi mamá **prefiere** el tango y mi marido y yo **preferimos** la música caribeña, como el merengue, la salsa y el cha cha chá.

5. Siempre que vamos a las montañas en invierno, los niños **se divierten** jugando con la nieve y nosotros **nos divertimos** sólo de verlos tan felices.

6. Cuando necesitas dinero, ¿a quién se lo **pides**?

Se lo **pido** a mis padres y ellos se lo **piden** a mis abuelos.

7. En mi país, **sirven (servimos)** tamales como plato típico durante la Nochebuena, pero como mi esposo es cubano, ahora nosotros **servimos** lechón asado también.

8. Normalmente yo **almuerzo** a las 2:00 cuando regreso del trabajo, los chicos **almuerzan** en la escuela y mi marido **almuerza** en el trabajo.

9. El equipo de Brasil **juega** con la selección argentina el próximo domingo. Será un partido fantástico porque los brasileños y los argentinos **juegan** muy bien.

10. Pedro **vuelve** temprano a casa hoy, pero Marcela y Enrique **vuelven** más tarde porque se van a quedar un rato en la biblioteca. Yo no **vuelvo** hasta las diez de la noche.

5.3.b
1. Los ladrones **huyen** hacia el cerro.
2. Carlos y yo **construimos** casas de madera para perros y las vendemos.
3. Los huracanes **destruyen** todo lo que encuentran en su paso.
4. Yo, por ser el capitán, **instruyo** a los soldados.
5. Los ayudantes **sustituyen** a los maestros enfermos.
6. Tú **influyes** en la conducta de tus hijos.
7. El poder **prostituye** a los políticos deshonestos.
8. La revolución **distribuye** la comida entre los pobres.
9. Todos nosotros **contribuimos** al progreso económico del país; pero nadie **contribuye** en cambio a su mejoramiento moral
10. La asamblea democrática se **constituye** el lunes y el martes **sustituye** a los reyes en el gobierno.

5.4.a
Las respuestas podrán variar, pero no las formas verbales.
1. Conduzco…
2. Sí, sé tocar el violín (el piano, la guitarra, etc.) /No sé tocar ningún instrumento.
3. Sí, me divierto mucho.
4. Elijo….
5. Escojo….
6. Sí, lo recojo. / No, no lo recojo.
7. Sí/No, no quepo
8. Sí/No, no los protejo.
9. No, no padezco.
10. Sí/No, no influyo….

5.5.a

1. consigo
2. escojo
3. piden
4. oye
5. consiguen
6. conseguimos
7. digo
8. dice
9. doy
10. conozco
11. ejerzo
12. recojo
13. recoges
14. estoy
15. convenzo
16. eliges
17. elige
18. almuerzas
19. sirven
20. servimos
21. traduzco
22. sentimos
23. piensa
24. duerme
25. quiere
26. quieren
27. queremos
28. soy
29. construye
30. oímos

5.5.b

1. Yo no **traduzco** las frases.
2. Ellos **empiezan** a trabajar esta noche.
3. Yo **sirvo** la sopa y ella **sirve** el postre.
4. Usted **miente** y eso no es bueno.
5. Tú le **pides** dinero a tu mamá y nosotros le **pedimos** a su tío.
6. Cuando vamos al cine, yo siempre **elijo** una película cómica y mi marido siempre **elige** una de misterio. Yo **aborrezco** las de misterio.
7. Nosotros **dormimos** en el sofá y los huéspedes **duermen** en nuestro cuarto.
8. Gloria **se viste** con su uniforme cuando **juega** al fútbol.
9. Si (tú) no **consigues** la novela en esa librería, yo te **averiguo** en el internet dónde la venden.
10. Yo no **voy** al cine con ellos porque no **quiero**.
11. Los niños no **quieren** comer esos vegetales.
12. Los terremotos **destruyen** muchos hogares.
13. Las chicas **siguen** mirando la telenovela. Yo **digo** que las telenovelas no son buenas para ellas porque **perpetúan** la imagen tradicional de las mujeres pasivas y sufridas que esperan que un príncipe azul les **resuelva** los problemas por arte de magia.

5.5.c

1. Carlos **dice** que cuando va a una fiesta él **se viste** con ropa muy fina.
2. Cuando los niños van al circo, ellos **se ríen** de los payasos.
3. El mes que **sigue** a junio es julio.
4. No sé dónde ellos **consiguen** la cerveza argentina.
5. Mi mamá siempre **sirve** café después de la cena. Nosotros no lo **servimos** porque si tomamos café no dormimos bien.
6. Yo nunca te **pido** dinero.
7. Yo **me visto** con mi uniforme para jugar al fútbol.
8. Yo **consigo** vino tinto español en Trader Joe's.
9. Ustedes **se ríen** con las películas cómicas.
10. Pablo le **pide** mucho dinero a su hermano.

5.5.d
1. Yo **tengo** mucho sueño y **estoy** muy cansada.
2. Primero, Luis **se despierta** a las siete de la mañana y después **despierta** a los niños para ir a la escuela.
3. Yo **convenzo** siempre a mis padres de que me presten dinero.
4. Yo no los **distingo** porque son gemelos.
5. A mis hijos les **gusta** viajar con nosotros.
6. Elena y Margarita **vuelven** a casa a las ocho.
7. Mis estudiantes **consiguen** las canciones en español en la tienda de discos hispánios.
8. Ustedes **prefieren** escuchar música clásica.
9. Yo no **sé** cuándo es el concierto pero **conozco** al muchacho que va a tocar el violín.
10. Aunque yo **parezco** más delgada, no **quepo** en ese vestido.
11. Yo te **agradezco** todo lo que tú **haces** por mí.
12. Enrique **asiste** a clase todos los días pero no **atiende** a lo que dice el profesor.
13. Cuando mi reloj no funciona lo **componen** en el taller de relojería.
14. Cuando **pienso** en la pobre María me **siento** muy mal.
15. Pienso que si yo **establezco** las reglas desde el primer día, **reduzco** seguramente los problemas de disciplina.

5.6.a
1. Mis hermanas **me** visitan con frecuencia.
2. Yo llamo **a mis tíos** los fines de semana. / Yo **los** llamo los fines de semana
3. Carlos **te** quiere.
4. ¿Quieres **a Carlos**?/ ¿**Lo** quieres?
5. La profesora **nos** escucha.
6. Nosotros escuchamos **a la profesora**. / Nosotros **la** escuchamos.
7. Anita baña **al perro**. / Anita **lo** baña.
8. Invito **a mis amigos** a la fiesta. / **Los** invito a la fiesta.
9. Mis amigos vienen a la fiesta. (No hay complemento directo.)
10. Llevo **a los niños** al parque. / **Los** llevo al parque.

5.6.b
1. Sí, (no, no) lo bebo.
2. Sí, (no, no) lo traigo.
3. Sí, (no, no) los recojo.
4. Sí, (no, no) la escojo bien.
5. Sí, (no, no) los elijo con cuidado.
6. Sí, (no, no) la conozco.
7. Sí, (no, no) las traduzco.
8. Sí, (no, no) los convenzo.
9. Sí, (no, no) las pongo.
10. Sí, (no, no) los hago.
11. Los consigo en la tienda de discos.
12. Sí, (no, no) los protejo.

5.7.a
1. La **h**ermosa **h**ija de María espera ir a Francia.
2. En el **h**ueco de la acera crecía inesperadamente la **h**iedra.
3. Se fracturó un **h**ueso debido al des**h**ielo en los Alpes.
4. Los indios **h**acían señales con el **h**umo de las **h**ogueras.
5. Los **h**uérfanos **h**uyeron instantáneamente del orfelinato.
6. **H**acer es más difícil que des**h**acer.
7. A ese **h**ombre lo internaron en el **h**ospital por una **h**erida en el **h**ombro.
8. Des**h**uesamos el pollo y lo **h**ervimos con las **h**ortalizas de nuestro **h**uerto.
9. La **h**embra del **h**ipopótamo des**h**ace la **h**ierba **h**úmeda del río.
10. La **h**echicera en**h**ebra el **h**ilo para coser los ojos del muñeco.

5.7.b
1. Hay un hormiguero enorme en el patio.
2. Los herederos del difunto se pelearon como buitres por la herencia.
3. Por suerte, la herida del brazo era superficial.
4. Morgana era una hechicera famosa. Era muy difícil escapar de sus hechizos.
5. Llevaba unos pantalones sucios y harapientos.

5.8.a
1. Levantó el **asta** de la bandera **hasta** tocar el techo.
2. El nadador gritó ¡**hola**! cuando la **ola** lo lanzó a la playa.
3. Hay que saber **herrar** al caballo sin **errar** los martillazos.
4. Tiró entre los **deshechos** el juguete que **desechó** el niño.
5. Juan **ora** de rodillas desde la **hora** en que llegó.
6. No hay **aya** que no lo **haya** cuidado desde niño.
7. Si no lo hubiera visto, nunca **habría** sabido quién **abría** la puerta.
8. El campesino **hala** la espina para curarle el **ala** al pájaro.
9. Perdiendo, **has** aprendido el valor del **as** en los naipes.
10. Las **ondas** no indican necesariamente que el agua sea muy **honda.**

5.9.a
1. haz de cuenta   2. langostas   3. granizo   4. bonachonas   5. rótulo/legible
6. cerros   7. tribulaciones   8. salinas   9. rudimentarias   10. peregrinaciones

5.9.b
1. milpa   2. curso   3. hacer de cuenta   4. dádiva   5. mortificado

5.10.a.
Las respuestas pueden variar. Estas son algunas de las posibilidades:

estaba-está	dejaron-dejan	veían-ven	era-es
correteaban-corretean	comenzaron-comienzan	olía-huele	exclamaba-exclama
sentía-siente	parecía-parece	decía-dice	pensó-piensa
rotuló-rotula	exigió-exige	tenía-tiene	cayó-cae

5.10.b
Las respuestas pueden variar. Estas son algunas de las posibilidades:
forman (R), vienen (C), son (C), dicen (C), muere (C), mira (R), está (C), embrutece (R), cree (C), sabe (C), son (C), hay (C), llena (R).

5.10.c
Las respuestas pueden variar. Estas son algunas de las posibilidades:
continuar, jilotear, dudar, dejar, creer, sembrar, examinar, dar, avanzar, mojarse, recoger, avanzar, acudir, escribir, creer, esperar, sostener.

5.10.d
Estas son algunas posibles respuestas:
Algunas agudas que llevan acento porque terminan en:
a. **vocal**: gritó, comenzó, ojalá, pasó, aseguró, cayó, pedí, metió
b. **n** o **s**: tradición, están, fruición, bonachón, buzón, través

Algunas de las que llevan acento para disolver el diptongo:
veían, río, maíz, llovería, días, había, sentía, olían, convivían, podían, aún

Las que llevan acentos porque son esdrújulas:
única, pirámides, triángulo, dádiva, público, óbolo, cólera, mándame

Las que llevan acentos para distinguirse de otras que se escriben igual, pero tienen distinto significado:
más, (adverbio de cantidad), tú (pronombre personal), sólo (adverbio), él (pronombre personal).

Quién porque es un pronombre interrogativo.

5.11.a
La literatura española, salvo algunas **espléndidas** excepciones, entre otras no menos ilustres, la de Gustavo A. **Bécquer** y Emilia Pardo **Bazán** (para citar a dos autores cuyos relatos aparecen en este libro) es mejor conocida por la **poesía lírica**, el teatro y la novela, que por el cuento. Debemos recordar, sin embargo, que muy tempranamente y por influencia de la cultura **arábiga**, España **recogió** la **tradición** del **apólogo** oriental y produjo en plena Edad Media los **magníficos** Ejemplos del Conde Lucanor. En **Hispanoamérica**, en cambio, el cuento ha cobrado gran importancia especialmente **después** de la primera Guerra Mundial. El **género** del cuento, por su brevedad y **precisión**, ha servido para documentar en breves trazos la **psicología** nacional de cada uno de los **países** y para dar en **rápidas** pinceladas un cuadro de costumbres o una **satírica presentación** de **algún** vicio social. Dos autores, **también** recogidos en las lecturas de este libro, son los maestros del cuento hispanoamericano: el peruano Ricardo Palma (1833-1919), cuyas **humorísticas** Tradiciones son joyas de la **producción** costumbrista, y el argentino Horacio Quiroga (1878-1937), iniciador del cuento **fantástico**. El regionalismo, es decir la literatura que presenta las **características autóctonas** de una **región**, se asocia con la **documentación histórica** y la **crítica ideológica** en los relatos sobre la **Revolución** Mexicana que escribe, entre otros, Gregorio **López** y Fuentes, autor del cuento que acabamos de leer. Aunque no haya en este

cuento referencia a la **Revolución,** el **interés** por mostrar los valores de la **psicología** del campesino en contraste con la **psicología** urbana es tema **común** en todos los autores de ese momento. El cuento hispanoamericano logra su **máxima expresión** en nuestros **días** en autores como Julio **Cortázar** (1914-1984), Gabriel **García Márquez** (1928) y Jorge Luis Borges (1899-1986).

Capítulo 6

6.1.a

Yo me **porté** muy bien. Antes de salir de mi casa **recogí** mi cuarto, **coloqué** todas mis cosas en su lugar y **apagué** la radio y las luces. **Regué** mis plantas, **saqué** la basura y **ayudé** a papá en la cocina, pues **lavé** y **sequé** los platos que **usé** para el desayuno. **Salí** de la casa a las 8:00 AM y **llegué** a tiempo para mi primera clase. Después de mi clase de historia, **almorcé** con mis amigos y **jugué** con ellos un rato. **Volví** a mi casa, **descansé** y **empecé** a hacer mi tarea. Cuando **terminé** mi tarea, **toqué** la guitarra.

6.2.a

	yo	tú	él/ella/ustedes	nosotros	ellos/ellas/ustedes
	pedí	pediste	pidió	pedimos	pidieron
1.	convertí	convertiste	convirtió	convertimos	convirtieron
2.	me divertí	te divertiste	se divirtió	nos divertimos	se divirtieron
3.	serví	serviste	sirvió	servimos	sirvieron
4.	mentí	mentiste	mintió	mentimos	mintieron
5.	preferí	preferiste	prefirió	preferimos	prefirieron
6.	me sentí	te sentiste	se sintió	nos sentimos	se sintieron
7.	me vestí	te vestiste	se vistió	nos vestimos	se vistieron
8.	sugerí	sugeriste	sugirió	sugerimos	sugirieron
9.	conseguí	conseguiste	consiguió	conseguimos	consiguieron
10.	me despedí	te despediste	se despidió	nos despedimos	se despidieron
11.	elegí	elegiste	eligió	elegimos	eligieron
12.	medí	mediste	midió	medimos	midieron
13.	reí	reíste	rio	reímos	rieron
14.	repetí	repetiste	repitió	repetimos	repitieron
15.	seguí	seguiste	siguió	seguimos	siguieron

6.2.b

1. Alex **se cayó** cuando **montaba** el caballo.
2. Ellos no **creyeron** la verdad.
3. El ladrón **huyó**.
4. Mi mamá **leyó** las noticias en el periódico.
5. ¿**Creíste** eso?
6. El temblor **destruyó** muchas viviendas.
7. Los muchachos **oyeron** música popular.
8. ¿**Oíste** las noticias en la radio?
9. Nosotros **leímos** la novela de Rosario Ferré.
10. Yo **construí** un castillo de madera para los niños.

6.2.c

1. Ayer fuimos al cine con Marta y Carlos. Después fuimos a un restaurante español muy bueno. Nos **sirvieron** una paella riquísima. Yo **pedí** de postre una crema catalana exquisita y mi novia

eligió un flan muy bueno. Marta **prefirió** saltarse el postre y sólo **bebió** café. Yo me **divertí** mucho con los chistes de Carlos y al ver cómo Marta y Alicia **se rieron** con sus ocurrencias. Creo que todos nosotros **nos entretuvimos** mucho.

6.3.a

1. Anoche ellos no **tradujeron** el capítulo, por eso yo lo **traduje** por la mañana.
2. Cuando ellos me **dijeron** la verdad yo no **supe** qué hacer.
3. Le ofrecí el dinero pero Ana no lo **quiso** .
4. Yo **toqué** la puerta de su casa y le **entregué** el cheque en sus propias manos.
5. Pedro no **estuvo** para nada con su familia pero su hermano sin embargo **estuvo** todo el día.
6. Alicia **sirvió** el postre que **trajo** Alex. Comimos tanto que **tuvimos** que salir a caminar.
7. El domingo yo **fui** a casa de Renato y **almorcé** con él.
8. Tú **te vestiste** muy elegante para esa fiesta.
9. ¿**Hizo** usted la tarea? Sí, yo la **hice** anoche.
10. Marcela no **oyó** la noticia en la radio sino que la **leyó** en el periódico.
11. Tú **te caíste** porque llevas zapatos muy altos.
12. El testigo **contradijo** al abogado.

6.3.b

1. Ellos no me **esperaron** anoche.
2. El doctor Vega **fue** mi profesor el año pasado.
3. Tú **comiste** muy bien anoche.
4. Mis padres me **prepararon** una fiesta para mi cumpleaños.
5. Juan me **escribió** ayer.
6. ¿A dónde **fueron** ustedes ayer?
7. Yo no **traduje** las frases.
8. Nosotros **fuimos** sus estudiantes.
9. Yo **pagué** las cuentas.
10. Yo **toqué** el piano.
11. Yo **empecé** a trabajar ayer.
12. Yo **serví** la sopa y ella **sirvió** el postre.
13. Usted **mintió** y eso no es bueno.
14. Tú le **pediste** dinero a tu mamá y ella le **pidió** a su tío.
15. Yo **dormí** en el sofá y los niños **durmieron** en la cama.
16. Pablo Picasso **murió** en Francia.
17. Yo me **vestí** con un vestido rojo y Luisa **se vistió** con un traje azul.
18. Ellos **consiguieron** la visa rápidamente.
19. Los niños **jugaron** con muñecos.
20. Yo no **fui** al cine con ellos porque no **quise.**
21. Nosotros **trajimos** el pastel y Carlos y María **trajeron** los refrescos a la fiesta.
22. Mi tío es un "chef" excelente. Ayer **hizo** un pollo exquisito.
23. Cuando la profesora entró, los estudiantes **dijeron** "buenos días".
24. Los niños no **quisieron** comer esos vegetales.
25. Los estudiantes **tradujeron** las frases al español.

26. Alejo **leyó** la novela en una noche.

6.3.c

1. La colonización de América **fue** una empresa difícil. El colono por un lado **construyó** una civilización y por el otro **destruyó** la civilización de los indígenas. **Trajo** nuevas técnicas, **introdujo** la religión católica y **convirtió** a los indios. Pero llevado por la ambición y las pasiones, **cayó** en los más grandes excesos y **llegó** a los mayores extremos de crueldad humana. No sólo **hizo** esclavos a los indios; **tuvo** también que esclavizar su alma.
2. Carlos Fuentes, el famoso escritor mexicano, **escribió** varias novelas que se **tradujeron** a muchas lenguas modernas. Sus libros **produjeron** gran impresión en el mundo de las letras.
3. Cuando Federico **oyó** la canción que su hermano **compuso**, **se sintió** emocionado.
4. Cuando sus padres **supieron** lo que Alejandro **hizo** para ayudar a su hermano le **trajeron** un regalo.
5. Pepe **durmió** mal anoche. El pobre no **pudo** dormir porque estaba preocupado, ellos por su examen. **Se levantó** temprano, **se vistió** rapidamente. **Prefirió** desayunar en la cafetería de la escuela donde **pidió** pan tostado y café con leche. Después de comer, **se sintió** menos nervioso. Luego de pagar la cuenta, **se despidió** del camarero y se fue.
6. Ellos **condujeron** el auto hasta San Francisco porque no **quisieron** tomar el avión.
7. Tú **anduviste** todo el día jugando en el parque y por eso no **fuiste** a la escuela.
8. Yo no **hice** eso, lo **hizo** mi hermano.
9. Esta mañana yo **me desperté** temprano, **recogí** la casa, **saqué** la basura, **coloqué** los libros en su lugar, pero no **pude** terminar toda mi tarea. Por eso no la **entregué.**
10. Nosotros **pedimos** el dinero pero no **conseguimos** el préstamo. Creo que no **leímos** bien las instrucciones de la planilla.

6.4.a

1. Cuando yo **era** niña **vivía** en Santiago de Cuba. **Iba** a una escuela que **estaba** cerca de mi casa. Todos los días, cuando **salíamos** de la escuela, mis amigos y yo **caminábamos** por la calle de Garzón hasta una heladería que se **llamaba** Copelia. Nosotros **entrábamos** y **pedíamos** un helado. Yo siempre **tomaba** un helado de almendra con crema. Después yo **me despedía** de mis amigos y **regresaba** a casa donde mis padres me **esperaban**. Yo les **daba** un beso, luego **hacía** mi tarea y finalmente **miraba** mi programa favorito en la televisión.

2. Cuando mis hermanos y yo **éramos** pequeños, nos **encantaba** ir al campo para las vacaciones. Nuestros abuelitos **vivían** en el campo en una casa que **tenía** muchas habitaciones y mucho terreno. **Había** muchos animales y nosotros los **ayudábamos** a darles de comer a las gallina y **recogíamos** los huevos que **ponían**. La abuela nos **preparaba** un desayuno delicioso y **tomábamos** la leche que mi abuelito **ordeñaba** tempranito. Después **salíamos** a correr por el campo, **jugábamos** a las escondidas, **nadábamos** en el río y **montábamos** a caballo. Mis abuelos no **tenían** televisor, pero no nos **importaba** porque **disfrutábamos** mucho de la vida y **hacíamos** tanto ejercicios que por las noche después que el abuelo nos **leía** un cuento nos **quedábamos** rendidos y **dormíamos** toda la noche.

6.4.b

El cazador **andaba** por entre los árboles del bosque. Un río **corría** lentamente junto a él. Los pájaros **bullían** entre las ramas. Las fieras **se escondían** a su paso. De repente, el cazador **sintió** un movimiento en una rama. Se **colocó** el rifle sobre el hombro. Se **oyó** un ruido seco. El cazador **apuntó** con el rifle hacia la rama. Si no **apuntaba** bien, su vida **corría** peligro. Al pie del árbol **cayó** un tigre muerto. Su piel **relucía** bajo el sol.

6.4.c

La otra versión del cuento de la Cenicienta

Había una vez una niña muy buena que **se llamaba** Celeste. Ella **era** huérfana de madre y su papá **se casó** de nuevo con una mujer muy egoísta que **tenía** dos hijas más egoístas que ella. Desafortunadamente, el papá de Celeste **murió** y desde ese instante, Celeste **se convirtió** en una criada. Todos los días, la pobre Celeste **se levantaba** temprano, **preparaba** el desayuno, y se lo **llevaba** a la cama a sus hermanastras y a su madrastra. Ellas la **trataban** muy mal y la **hacían** trabajar como esclava. Celeste **tenía** un don especial y **era** que **podia** comunicarse con los animales, los cuales la **querían** muchísimo. Ellos **eran** su verdadera familia. Un día, Celeste **encontró** en el patio a una lechuza con la patita quebrada. Celeste la **curó** y las dos **se hicieron** amigas. Minerva, que así **se llamaba** la lechuza, cuando ya **estaba** bien y lista para regresar al bosque le **dijo**: "Recuerda, Celeste, que al que se hace de azúcar se lo comen las hormigas; usa ese don que tienes de comunicarte con los animales y defiende tus derechos". Con estas palabras, Minerva **se despidió**. Celeste **meditó** por unos días en las palabras de la lechuza y finalmente una noche **se decidió**. Al otro día por la mañana, Celeste **se levantó, fue** a la cocina **e hizo** el desayuno, lo **puso** en una bandeja, **recogió** el periódico y **volvió** a su cuarto, donde **se sentó** a desayunar cómodamente mientras leía el periódico. Cuando las hermanastras **se despertaron**, la **llamaron** a gritos pero Celeste **seguía** tomando el desayuno. Como ella no **apareció**, la madrastra y sus hijas **fueron** al cuarto y cuando vieron que Celeste **desayunaba** y **leía** tranquilamente frente a la ventana, **se enfurecieron** y todas **empezaron** a gritar. Con mucha calma, Celeste les **explicó** que desde ese día, ella no **pensaba** ser más la criada de la casa y que si ellas **querían** comer, se **tenían** que preparar la comida ellas mismas. Las tres, furiosas, **intentaron** pegarle pero Celeste les **indicó** que miraran hacia la ventana donde **había** muchísimos pájaros y animalitos parados que **parecían** dispuestos a atacarlas. Celeste les **dijo** que sus amigos sólo **esperaban** una señal de ella. Así que a la madrasta y a sus hijas no les **quedó** más remedio que aceptar y darle a Celeste el lugar que le **correspondía** en esa casa. Ese invierno, Celeste y sus hermanastra **asistieron** al baile del palacio Real, y como es de suponer, el principe **se enamoró** de ella y le **propuso** matrimonio pero ella lo **rechazó** porque **era** muy tonto. Finalmente, Cenicienta **conoció** a un pintor muy talentoso, **se unió** a él y **fueron** muy felices.

6.5.a
1. El juez **le** aplicó al criminal la pena máxima.
2. Cuando **los** traigo a la escuela, los libros se me pierden.
3. Era pariente mío y por eso **me** dejó su herencia.
4. En Navidad, **les** hacemos regalos a los niños.
5. He dicho que **te** quiero y tú lo sabes.
6. Había mucho queso, pero **se lo** comieron las ratas.

7. **Nos** conocíamos de antes pero no éramos amigos.
8. En nuestro aniversario, **nos** hicieron una fiesta muy linda.
9. No quedan más tortas: **se las** llevó Rosalía.
10. ¿A quiénes **les** dirigían la palabra?

6.5.b
1. Se la vamos a entregar hoy (mañana, el lunes etc.)
2. Sí, (No, no) la visito.
3. Te la mandó…/ Se la mandó…
4. Sí, (No, no) quiero comprárselo.
5. Sí, (No, no) se lo presto.
6. Sí, (No, no) Te los conseguí.
7. Nos la tradujo…
8. Sí, (No, no) se lo traje.
9. Me la sirvió…
10. Se lo pedí a…

6.5.c
1. Le regalé…
2. Les voy a servir (sirvo)...
3. Me lo pidió / Se lo pidió a…
4. Me escribieron una tarjeta.
5. Le piden regalos o juguetes, etc.
6. Les traje regalos (dinero etc.)
7. Se lo doy (voy a dar).
8. Se las hago.
9. Ellos nos ayudan.

6.6.a
1. A mi marido y a mí **nos gusta** pasear junto al mar.
2. Cierro la ventana para que no **nos molesten** las moscas.
3. A mí, de noche, **me caen mal** las hortalizas.
4. A Carlos **le encantan** los helados de vainilla.
5. A los marineros **les aburre** la vida en tierra.
6. A la senadora no **le sorprenden** los insultos.
7. Dime por fin lo que **te hace falta** para vivir cómodamente.
8. Ese cantante **te interesa** a ti pero a mí **me fascina**.
9. Ganamos mucho dinero pero sólo **nos quedan** pocos pesos.
10. **Me duele** que no me tengas en cuenta.

6.6.b
1. A mis padres les encanta mirar los partidos./ Les encanta el béisbol./ Les encantan los partidos de béisbol.
2. A ustedes les molesta el ruido que hacen los vecinos./ Les molestan los vecinos.
3. Me cae bien el novio de Eloísa.
4. Te interesa leer novelas de misterio. Te interesan las novelas de misterio.

5. A los niños les fascina (ir) a Disneylandia.
6. Nos preocupan los exámenes de historia.
7. Me aburren las películas lentas.
8. Me indignan los hombres machistas.
9. Le queda chico (pequeño).
10. Nos hacen falta cinco dólares.

6.7.a
1. El nuevo **gobierno** hará negocios con Cuba.
2. Egipto anunció el **descubrimiento** de una ciudad sumergida.
3. Visitaremos la **Habana** y asistiremos a la exposición de **automóviles** antiguos.
4. **La pobreza** es la vergüenza de nuestra **civilización.**
5. Las **voces** de los pájaros alegraban el bosque.

6.7.b
1. escriban	8. embajador	15. medieval
2. evidencia	9. librería	16. boca
3. cautiverio	10. ventarrón	17. describir
4. estaban	11. blusa	18. cantabas
5. estuvieron	12. obstinación	19. gobernador
6. temblor	13. absolución	20. centavo
7. cabrito	14. vitalidad	

6.7.c
1. Deberían construir más **viviendas** para los ancianos de bajos recursos.
2. A mí no me llegó una **invitación** para la boda.
3. La abuela se equivocó y entró en el baño para **caballeros.**
4. Un **ventarrón** desprendió las ramas del árbol.
5. Se siente mal y no ha querido probar ni un **bocado.**
6. Los **vendedores** de esa tienda son muy antipáticos.
7. Mi hija es muy **bondadosa.**
8. Es una chica muy **valiente.**
9. Las **bellezas** de las playas del Caribe me impresionan.
10. José Antonio viene en el **vuelo** que sale a las siete de la mañana de Miami.

6.8.a
1. deambula/ribera	2. atiende	3. nobleza	4. ostentan	5. atestiguar
6. empastar	7. fatigues	8. advertí	9. vestiduras	10. moribundos

6.8.b
1. de improviso	2. fatigada	3. correrías	4. acarrear	5. manaba

6.9.a
Las respuestas pueden variar.
Presente: existe, se llama, se caracteriza, es, sabe.

Imperfecto: Algunos de los imperfectos que aparecen son: tenía, buscaba, temía, era, andaba, miraba, latía, había, manaba, comenzaba, recuperaba, vivía, conocía, acompañaba, yacía, atendía, transportaba, iba, deambulaba.

Pretérito regulares: Algunos de los que aparecen son: sucedió, explotó, apuntó, explotó, salió, escuchó, comprobó, acarreó, acercó, corrió.

Pretérito con cambios vocálicos e irregularidades: advirtió (advertir), sintió (sentir), consiguió (conseguir), pidió (pedir), vistió (vestir), cayó (caer)

Pretéritos totalmente irregulares: fue, dijo, trajo y tuvo.

6.9.b

Posibles respuestas:

La terminación del imperfecto de los verbos que se escribe con **b**: busc**ab**a, man**ab**a, comenz**ab**a, etc

Las combinaciónes **bl** y **br**: **bl**anco, no**bl**eza, hom**br**e.

Palabras que comienzan con **ob**: **ob**servaba.

B después de **m**: deam**b**ulaba.

Las terminaciones **uve** del pretérito: t**uv**o.

Después del prefijo **ad**: ad**v**irtió.

Palabras que empiezan con **eva, eve, evi, evo**: **ev**itar.

Después de la letra **n**: en**v**idioso.

6.10.a

El estudio de la **geografía** y de las ciencias naturales, en especial de la flora o reino vegetal y la fauna, reino animal, han contribuido notablemente al desarrollo del **espíritu** nacional en muchos **países**. Los **pájaros** y las plantas se han convertido desde la antiguedad en **símbolos** nacionales. Para un **país**, el tener paisajes, animales o plantas que no existen en otra parte del mundo, es un signo de independencia nacional. El elefante en el Africa, el canguro en **Oceanía**, el **cóndor** en **América**, el oso y el oso panda en Asia, son por **sí** mismos representaciones **simbólicas** de las diferencias entre esos continentes. Las banderas y los escudos nacionales suelen presentar figuras de plantas o de animales como la palma, el cedro, el tigre, el **cóndor**, el buho, y millares de otros **pájaros** de toda forma y color. En los escudos de **Hispanoamérica**, es frecuente ver montañas, **ríos**, llanuras, palmeras, ceibos, llamas, guanacos, caballos. Y sobre todo **pájaros**, por el colorido de las plumas. No es extraño que las estampillas de correo **más** hermosas sean la de los **países** que presentan en ella con orgullo los **pájaros** de su **región**. Baste mencionar el "quetzal", la **magnífica** ave centroamericana, de brillante y hermoso colorido, que no puede vivir en cautividad y es por consiguiente **símbolo** de la libertad humana. No es extraño que en la **mitología** universal, los seres humanos se transformen constantemente en vegetales y en seres animales. Los **indígenas** de nuestros **países** hispanos cuentan **también** con **magníficas** leyendas en las que se relatan transformaciones similares. En la leyenda que acabamos de leer no ocurre una **transformación** de ese tipo. Sin embargo, el **pájaro** pechirrojo mantiene atributos humanos, entre ellos la **compasión** y la generosidad.

Capítulo 7

7.1 a
1. Nunca **peino** al perro con el mismo peine con que **me peino** yo.
2. Tienes que ir al dentista a **sacarte** esa muela.
3. Diana **se lastimó** la rodilla jugando al fútbol.
4. María y Juan **comieron** en el restaurante italiano. **Se comieron** un enorme plato de ravioles.
5. Te **llamó** un joven que **se llama** Enrique.
6. Quiero **ponerme** el vestido azul pero no sé dónde lo **puse**.
7. Salí al jardín, y **corté** unas flores para adornar la mesa pero **me corté** un dedo. Ahora no podré cocinar ni **lavar** los platos en toda la semana.
8. Nosotros **nos quitamos** el abrigo porque hacía mucho calor.
9. ¿Por qué **quitaste** el cuadro que estaba en la sala?
10. Rubén primero **acostó** a Leonardo y después **se acostó** él para leer antes de dormir.

7.1.b
1. Yo soy muy independiente y no le **doy cuentas** a nadie de mis actos.
2. Dije una tontería grandísima pero cuando **me di cuenta** ya era demasiado tarde.
3. Los niños salieron sin **despedirse** de mí.
4. Hay que **fijar** esos cuadros bien en la pared, no vaya a ser que se caigan en la cabeza de alguien.
5. **Despidieron (Van a despedir)** a Juan del trabajo porque siempre llega tarde.
6. Un don Juan siempre anda **enamorando** a todas las mujeres.
7. Calixto **se enamoró** locamente de Melibea.
8. No **me fijé** bien en la dirección y ahora estoy perdida.
9. Tú **empeñaste** el anillo de oro para prestarle el dinero a tu hermana.
10. Si tú **te empeñas,** todo te saldrá bien.

7.2.a
1. Los muchachos se reunieron **en** la casa **de** Carlos. Allí conversaron **de** muchas cosas **por** un buen rato y se rieron **de** las ocurrencias **de** Pepe mientras esperaban **a** Juan. Pero como Juan nunca llegó, se fueron **sin** él. **Según** dice la vecina, que siempre espía todo, se encontraron **con** unas chicas en la esquina y se fueron caminando.
2. Anita no quiere ir **al** parque. Pues **de** todas maneras iremos **con** ella o **sin** ella.
3. Mario está **en** las nubes. Creo que está enamorado **de** la nueva vecina, pues **desde** que la conoció se la pasa suspirando **por** ella.
4. Los estudiantes que se preocupan **por** sus notas tratan **de** hacer todo su trabajo.
5. Para **mí**, la mejor película **del** año es "Habla **con** ella".
6. ¿Cuál es el mejor restaurante **de** esta ciudad?
7. Los padres a veces no escuchan atentamente **a** sus hijos pero se quejan **de** que sus hijos no escuchen sus consejos.
8. Como estoy **por** la paz **del** mundo, estoy en **contra** de la guerra.
9. Busqué el disco **en** todas las tiendas y no lo he encontrado.
10. "Vivir para contarla" trata **de** la vida **del** autor.
11. Leonardo sueña **con** llegar **a** ser arqueólogo reconocido y se la pasa pensando **en** los viajes que hará **por** el mundo.

12. Todos los días **antes de** irme **para (a)** la escuela, me despido **de** mi abuelita **con** un beso.
13. Mis amigas piensan viajar **a** Europa el próximo verano. Yo quiero ir **con** ellas pero todo depende **del** dinero. Como no gano mucho, espero contar **con** la ayuda **de** mis padres.
14. En algunos países hispanos, el Día **de** Reyes es un día especial **para** los niños. La noche antes ellos le escriben una carta **a** su rey favorito y les dejan galletitas **a** los tres Reyes. **A** diferencia **de** la creencia norteamericana, ellos no entran **en** la chimenea, como papá Noel, ni vienen **en** trineo sino **en** camellos. Pues, según la creencia popular, los Reyes Magos entran **en** la casa **por** arte de magia **para** dejarles regalitos a los niños **por** haberse portado bien durante el año. **Al** otro día, los niños madrugan **para** abrir sus regalos y jugar **con** sus juguetes. La familia se reúne **para** tomar una rica taza **de** chocolate y comer la rosca **de** Reyes.
15. Me disloqué el tobillo **al** tropezar **con** la puerta.

7.2.b
1. Leonor escucha el mismo disco compacto todo el día.
2. El niño (La niña) estaba enfadado(a) porque estaban riéndose del él(ella).
3. ¿En qué estás pensando?
4. Le voy a pedir a mi mamá que me preste el auto.
5. Todavía estamos esperando el cheque.

7.3.a
Las repuestas pueden variar.
1. Los niños deben **respetar (escuchar)** a los mayores.
2. Los sabios no pueden **ignorar** los avances de la ciencia.
3. **Ser** o no **ser**, dijo Hamlet.
4. No pienso **dejar** a mis niños en casa de mi amiga.
5. **Leer** sin luz afecta a la vista.
6. Tengo interés en **tener (buscar)** nuevas experiencias.
7. Voy a **alquilar (comprar, buscar)** una casa en Venice.
8. Nunca cruces la calle sin **mirar (ver)** las señales.
9. En Los Angeles está prohibido **fumar** en los restaurantes y por eso no hay ceniceros en las mesas.
10. No dejes para mañana lo que puedas **hacer** hoy.

7.3.b
Las respuestas pueden variar.
1. Siempre me olvido **de cerrar** la puerta cuando salgo
2. A veces trato **de resolver** los problemas de los demás.
3. Les enseño a los estudiantes **a corregir** los errores del dictado.
4. Muchas noches pienso **dejar de** trabajar, porque no me gusta mi empleo.
5. Quiero volver **a caminar (pasear)** por la playa de Malibú.
6. Hace dos semanas soñé **con volver** a verte otra vez.
7. Insisto **en pagar** yo la cuenta del restaurante.
8. Serviremos el café antes **de comer** el postre.
9. Empiezo **a trabajar** en una compañía de seguros la próxima semana y me van a **pagar** muy buen sueldo.

10. Me quedé sin dinero **por jugar** a la ruleta en Las Vegas.

7.3.c
1. Después de comer, iremos (vamos) a la playa.
2. Por favor, no fumar, comer o beber en este salón (cuarto).
3. ¡Ver para creer!
4. Sin considerar los hechos, no le (te) daré mi opinión.
5. Estoy cansado(a) de repetir lo mismo.

7.4.a
1. **Ahorrando** más dinero, podrás comprarte una casa.
2. Me sorprendió **escuchando** su conversación.
3. Por **matar** a su enemigo, pasó años en la cárcel.
4. Los caballos corrían **sacudiendo** sus crines.
5. Ella conoció a su padre **siendo** ya mujer adulta.
6. Uno se enriquece **comprando** barato y **vendiendo** caro.
7. Los Dodgers no podrán ganar el torneo **perdiendo** tantos juegos preliminares.
8. Elvis Presley murió **estando** nosotros en España.
9. Se quedó **pidiendo** ayuda.
10. Salió sin **decir** nada.

7.4.b
1. No resolverás (resolverán) los problemas vendiendo tu (su) libertad.
2. No se permite nadar después de las 10:00 PM.
3. Después de enterarse de los hechos decidió llamar.
4. Fumar es malo para la salud.
5. Te llamo (llamaré) después de comer.
6. Me es difícil pagar el balance pendiente.
7. El /La juez llegó a una decisión sorprendente.
8. No creo que La bella durmiente sea un cuento interesante.
9. En esta casa, el agua corriente sabe horrible.
10. Me encanta tu/su cara sonriente.

7.5.a
1. Hace pocos meses, el juez **creyó** en las palabras de ese testigo.
2. El libro que Mario está **leyendo** es una novela.
3. El año pasado me **excluyeron** del equipo por mis ausencias.
4. En la antigüedad, el ejército romano **destruyó** las defensas de Cartago.
5. En los primeros años de la infancia, los padres **influyen** mucho en la personalidad de sus hijos.

7.5.b
Algunas de las posibles respuestas:
amarillo: amarillez, amarillento
batalla: batallón, batallar
bella: belleza, embellecer

botella: botellazo, botellón, embotellar
brillo: brilloso, brillante, brillar
caballo: caballero, caballería, caballeroso
desarrolla: desarrollado, desarrollar
gallo: gallina, gallinero
orgullo: orgulloso, enorgullecerse
fallo: fallar, fallido
silla: sillón, ensillar

7.5.c
1. Contestaré tu llamada telefónica y la suya.
2. Los argentinos toman yerba mate con una bombilla.
3. Saca los yuyos del jardín y planta nuevas semillas.
4. Como hay mucho bullicio, les he dicho a los niños que se callen.
5. Los niños se cayeron en el barro y se ensuciaron las rodillas.
6. Quiero que vayamos al cine esta tarde aunque llueva.
7. Los militares hallaron una cueva de guerrilleros.
8. Generalmente desayuno en el valle de San Fernando.
9. Tuve una pesadilla mayúscula.
10. Mi hermano mayor me saca de las casillas.

7.5.d
1. La cultura maya era una de las más avanzadas de América.
2. En España, le dicen malla al traje de baño.
3. Puso una valla altísima para que los perros no se escaparan.
4. El uniforme de los presos tiene rayas negras
5. Me rayó toda la pared con un marcador azul.
6. El cocinero ralló el queso y se lo puso a la pasta antes de servirla.
7. Si no hallas el dinero pronto debes informarle al gerente.
8. Me preocupa que tú te hayas sentido mal.
9. Pepita se cayó de la bicicleta pero no le pasó nada.
10. Le pido que se vaya lo más pronto posible.

7.6.a
1. mutiló
2. caucho
3. cachas
4. grumos
5. curtido
6. rebosa
7. escarmentó
8. umbral
9. remolino
10. víveres

7.6.b
1. templado/templada 2. anudar 3. grumos 4. pender 5. aturdir
6. empapar 7. impedir 8. esmero 9. víveres 10. escarlata

7.7. a
al entrar, al verme, a temblar, a preparar, para dar, para ver, de hablar, de hacer

7.7. b
Algunas posibilidades:
me puse (ponerse), se dio cuenta (darse cuenta), se quitaba (quitarse), se sentó (sentarse), se salvará, (salvarse), se echó (echarse), se llamaba (llamarse), se secaba (secarse), me iría (irse), nos divertiremos (divertirse)

7.7.c
repasando, deshaciendo, dejándolas, pagando, cuidando, apareciendo, descendiendo, haciendo, puliendo, evitando, temblando, corriendo

7.7.d
(i) y, muy, soy, hay, estoy
(ll) yo, yema, proyectaba, ya, arroyo, apoyar

7.7.e
Palabras terminadas en **alla, alo, ella, ello, illa, y ullo:**
sillas, ellos, cuello, allí, patillas, barbilla, callo, guerilla, brilla (viene de brillar, que es un verbo que termina en **illar**)
llamaba: derivado de llamar.

7.8.a
En muchos **países** de **Hispanoamérica**, la falta de libertades, la miseria, la **situación económica** en general, el cultivo y el **tráfico** de drogas, crean un clima favorable a todo tipo de violencia. Casi **podríamos** decir que la violencia **marcó** desde el comienzo la vida americana desde que Europa **sometió** a los **indígenas** y impuso la **colonización**. La violencia ha sido una triste **característica** de la historia de Colombia, por ejemplo, **país** envuelto en el **narcotráfico** y la lucha contra la guerrilla desde hace varias **décadas**. No es extraño que la literatura colombiana se haya destacado, desde hace **más** de un siglo, por la pintura de una sociedad marcada por la **persecución política**, la lucha armada y el crimen. Hernando **Téllez**, autor del cuento **leído**, **nació** en **Bogotá** en 1908. Sus extraordinarios relatos tratan de la **situación** social de su **país**, la **explotación** de los pobres campesinos, y la **acción** de los rebeldes contra las fuerzas del poder. Otro colombiano ilustre, Gabriel **García Márquez**, Premio Nobel de Literatura, (1982) que **escribió** un cuento parecido al de **Téllez** pero convirtiendo al barbero en un dentista, ha sabido describir magistralmente la vida de los pueblos colombianos, con sus creencias, sus **fábulas** , su rica **imaginación,** sus terribles pasiones, y esa **propensión** a una muerte violenta.

Capítulo 8

8.1.a
1. Los muchachos **que** llegaron ayer son sobrinos de Alejandro.
2. La novela **que** me recomendaste es fantástica.
3. Las frutas, **que** tienen muchas vitaminas, son un alimento indispensable.
4. El empleado con **quien** (con **el cual**, con **el que**) hablé no ha llegado todavía.
5. Los jugadors brasileños, **que** (**los cuales**) tienen fama de ser los mejores del mundo, ganan una fortuna en los clubes europeos.

8.2.a
1. El niño **que estudia mucho** obtiene las mejores calificaciones.
2. Los pobres campesinos **que trabajan en tus campos** no ganan mucho.
3. El empresario **que no paga los impuestos** merece la cárcel.
4. Las casas **que están en venta** son carísimas.
5. Los viajeros y las valijas **que llegan al aeropuerto** deberán pasar la inspección.

8.2.b
El antecedente está subrayado, el pronombre se destaca con letra más obscura y las claúsulas subordinadas están indicadas entre corchetes:
1. En la selva del Amazonas, [**que** es la más grande del mundo,] hay minas de oro.
2. La última película [**que** vi en el cine] es realmente mala.
3. Los objetos [**que** ya nadie usa] deben tirarse a la basura.
4. La niebla y el frío, [**que** son muy comunes en este lugar], hacen difícil el tránsito.
5. Los carpinteros [**que** trabajan en casa] usan buena madera.

8.3.a
1. El hombre **que** te vendió el auto te engañó.
2. Mi hermano, **que es muy inteligente,** consiguió el puesto.
3. Los tigres, **que son animales salvajes,** me dan miedo.
4. Los perros que son salvajes son animales feroces.
5. Las palabras "chocolate" y "tomate" vienen del náhuatl, **que era la lengua de los aztecas.**
6. La Alhambra, **que fue el palacio de los monarcas árabes**, es una de las joyas arquitectónicas de España.
7. La música que yo escucho no le gusta a mi hijo.
8. El mango, **que es una fruta tropical,** contiene las vitaminas C y D.
9. La computadora con que trabajaba se descompuso.
10. Marcela y Diana, **las cuales son muy buenas amigas,** irán a la misma universidad.

8.3.b
1. El riquísimo postre **que sirven en ese restaurante** está hecho de frutas.
2. El águila real, **que (la cual) es el emblema de los Estados Unidos,** está casi extinguida.
3. Vi en la selva tropical a unos monos **que no tenían cola.**
4. Los árboles, **que producen el oxígeno,** deben conservarse.
5. Para mí, las guerras, **que son inhumanas y crueles,** no solucionan los problemas.
6. Los policías **que no cumplen con la ley** deben sufrir las consecuencias.

7. Los automóviles **que están preparados para las carreras** no deberían andar en las carreteras comunes.
8. El médico de Don Julián**, que estudió en Harvard**, es un excelente cardiólogo.
9. En las cuevas de Altamira, **que (las cuales) están en Santander**, hay pinturas prehistóricas.
10. Algunos países europeos **que integran el mercado común** no aceptan el cambio de moneda.

8.4.a
1. La película **que ganó el Oscar** no es mi favorita.
2. La actriz **que ganó el premio** trabaja estupendamente.
3. Aceptaron a mi hija en la universidad que ella quería, **lo cual (lo que)** me puso muy contenta.
4. El restaurante **al que vamos** no es muy caro.
5. Las muchachas **de las que (de quienes, de las cuales)** te hablé llegaron ayer.
6. El hombre **con quien (con el cual, con el que) baila** es el novio de mi mejor amiga.
7. Octavio Paz, **que ganó el Premio Nobel en 1991,** fue un gran poeta mexicano.
8. Marcela, **cuyo equipo ha ganado casi todos los partidos**, es una excelente arquera de fútbol.
9. Miguel de Cervantes, **que es el autor del Quijote**, murió el mismo año que Shakespeare.
10. Pienso ir a la playa de Varadero, **que (la cual) tiene un mar maravilloso.**

8.4.b
1. La doctora Rodríguez Arias, a **quien (la cual, la que)** conozco hace tiempo, atendió a mi mamá.
2. Su novia lo dejó por otro hombre más guapo, **lo cual (lo que)** lo deprimió mucho.
3. Los muchachos con **(quienes, los que, los cuales)** pienso viajar son amigos de mi novio.
4. La mujer **que** está parada allí es su tía.
5. Mi sobrino, **cuyos** padres viven en Miami, nos visitará para Nochebuena.
6. La casa en **la que (la cual)** viven es muy pequeña.
7. Me olvidé de llamarla, **lo que (lo cual)** le molestó un poco.
8. **El que** dice **lo que** no debe, oye **lo que** no quiere.
9. Las rosas **que** compraste son lindísimas.
10. Cervantes es un escritor **cuya** fama nunca morirá.
11. No encuentro mis lentes, sin **los que (los cuales)** no puedo leer.
12. **Los que** lo conocían lo respetaban mucho.
13. La familia **que** vive atrás tiene un perro muy escandaloso.
14. No le dieron el trabajo, **lo cual (lo que)** me parece muy injusto.
15. Estas son las telas con **las que (las cuales)** pienso hacer las cortinas.
16. Doña Carmen Rueda Zúñiga, **que (la cual)** es muy respetada, me va a recomendar para ese puesto.
17. El vino de California, **que (el cual)** ha adquirido fama en los últimos años, es tan caro como el francés.
18. **El que** fue a Sevilla, perdió la silla.
19. Está muy nublado, **lo que (lo cual)** indica que va a llover.
20. Paul le compuso una canción a Grabriela para su cumpleaños, **lo cual** la emocionó muchísimo.

8.5.a

1. Ana **e** hijos pusieron un negocio con Alicia **y** su esposo.
2. No se si salieron con Arturo **u** Octavio.
3. Esa parte del jardín está cubierta de malezas **y** hiedras, hay que limpiarlo todo antes de sembrar los árboles frutales. Pienso sembrar manzanos, durazneros **e** higueras también.
4. En el frente de la casa pondré camelias y jazmines, además de otras flores, no sé si sembrar margaritas **u** hortensias.
5. No te olvides de llevar aguja **e** hilo.

8.6.b

1. Alejo no es colombiano, **sino** argentino.
2. No te pedí café **sino** té.
3. La llamé **pero** no me contestó.
4. Llegamos muy tarde **pero** no se molestó para nada.
5. Mis hijos no son peloteros **sino** futbolistas.
6. Quiero hacer una paella **pero** no sé si hay azafrán en la cocina.
7. No les pedí que me trajeran la carta **sino que** me la mandaran por correo.
8. No queremos que nuestros hijos trabajen ahora **sino que** estudien y se preparen para el futuro.
9. Olga no piensa casarse por ahora **sino** viajar y disfrutar de la vida de soltera.
10. Mi abuela es buenísima **pero** muy mandona.

8.6.c

1. Alex y Olga no quieren ir a la playa sino a las montañas.
2. Marcela no es delantera sino arquera (portera).
3. Ella no es alta pero es muy atlética.
4. La silla de cuero es bella (hermosa) pero muy cara.
5. No le dije que se lo iba a hacer sino que lo iba a ayudar.
6. La película es muy larga pero (es) extraordinaria.
7. No soy aficionado(a) al béisbol sino al fútbol.
8. Ella no dijo que te llamaría (iba a llamar) sino que te iba a mandar (mandaría) una carta electrónica.
9. Shakira no sólo canta bien sino que también escribe sus canciones.
10. Me gusta el queso pero no (me gusta) la leche.

8.7.a

1. Antonio **B**anderas hace el papel del **Z**orro.
2. De **L**os **A**ngeles a **L**as **V**egas hay 320 millas.
3. El **g**obernador de California es **d**emócrata.
4. **R**onald **R**eagan fue actor y llegó a ser presidente de **l**os **E**stados **U**nidos.
5. Escuché un **c**orrido de la **R**evolución **m**exicana.
6. No estudio **f**rancés porque prefiero el **e**spañol.
7. La comida **c**ubana se parece mucho a la **p**eruana.
8. Me compré la novela *Como agua para chocolate.*
9. En Brasil, visité **R**ío de **J**aneiro y vi la selva del **A**mazonas.
10. Cumplo años el próximo **d**omingo, 23 de **s**eptiembre.

8.7.b   Rescriba el párrafo siguiente   cambiando las minúsculas por mayúsculas cuando corresponda.

Las playas de Cuba

En Cuba hay playas hermosísimas. Como es una isla del Caribe, el agua allí es sumamente tibia y de un color azul verdoso maravilloso. La arena es blanca como talco y en todas las playas hay palmeras y árboles que dan sombra. La playa más turística de todas y la más conocida se llama Varadero. Podemos encontrarnos allí con turistas españoles, canadienses, italianos y de todas partes de Latinoamérica. Cuando caminas, oyes hablar español, inglés, italiano y francés. Yo prefiero las playas menos turísticas, como las que están cerca de la ciudad de Santiago de Cuba. El profesor Alex Simón, que trabaja en una universidad en Sacramento,   lleva allí a un grupo de estudiantes todos los veranos durante el mes de junio. Estudian la lengua española y la literatura cubana de lunes a jueves, por la mañana, y luego en la tarde y los viernes están libres para disfrutar de la playa.

8.8.a
1. reparé	2. resplandeciente	3. reiteró	4. airosa	5. efigie
6. sutil	7. tul	8. jirones	9. afable	10. facciones

8.8.b
1. amartelados	5. encarecer	9. logogrifo
2. arrostrar	6. apiñarse	10. efigie
3. recelar	7. reparar	
4. inaudito	8. resplandeciente	

8.9.a
títulos: encaje, roto
tratamientos: obispo, señorita

8.9.b y 8.9.c
Estas son algunas de las posibilidades:
en casa **de la novia, que** está al pie del mismo altar, …. (explicativa)
el medio ambiente **en que** se desarrolló. (especificativa)
el obispo **que** ha de bendecir la boda. (especificativa)
un deportamento lleno de azahar **que** envió de Valencia. (especificativa)
el padrino de la novia, **que** no vino en persona por viejo y achacoso. (explicativa)
detalles **que** corren de boca en boca. (especificativa)
la magnífica herencia **que** corresponderá a Micaelita. (especificativa)
el matrimonio, **el cual** irá a Valencia a pasar su luna de miel. (explicativa)
la puerta **que** da a las habitaciones interiores. (especificativa)
la novia, **cuyas** facciones apenas se divisan… (explicativa)
una interrogación, a **la cual** responde un no seco… (explicativa)
pequeñeces **que** significaban algo. (especificativa)
ningún hombre de **los que** conocía… (especificativa)

la mujer soltera, para **la cual** es imposible seguir. (explicativa).
el salón, en **cuya** puerta, me esperaba. (explicativa)

8.10.a

Aún cuando la **situación** de la mujer ha cambiado mucho en los **países más** desarrollados, persisten **todavía** en muchos otros costumbres muy arraigadas que impiden a la mujer un total uso de su libertad. Todos los **días** leemos en los **periódicos** o vemos en **fotografías** reproducidas en revistas ejemplos de **jóvenes** mujeres con el rostro velado a quienes se condena **sólo** por mostrar impensadamente un rasgo de su cara o una parte de su cuerpo. **También** se lee sobre otros casos en que se **efectúa** una **mutilación** del **órgano** femenino para impedir el goce sexual. Generalmente, existen en ese mismo sentido prohibiciones religiosas aplicadas a la mujer y no al hombre. Se **han leído** casos, incluso, en que **las víctimas** de violaciones pagan con **prisión** o muerte la culpa del delito de sus atacantes. En los **países** hispanos existen **todavía,** aunque en menor grado, arcaicas limitaciones de este tipo: la mujer no tiene libertad para disponer de su destino, ni **aun** de su cuerpo, y vive en completa **sujeción** al padre primero y al marido **después**. Una de las **más** importantes reformas requeridas de nuestra **civilización** actual es la de mejorar **la situación** de las mujeres, que constituyen al menos la mitad de la **población** del mundo, y la de librarlas definitivamente de esa indecorosa esclavitud.

Capítulo 9

9.1.a

Mañana **dejaré** mi casa a las 7 de la mañana. **Llegaré** a la escuela a las 8. **Aprenderé** muchas cosas nuevas. Por la tarde, **caminaré** por el campus para hacer un poco de ejercicio. **Merendaré** con algunos amigos. A las 6, **subiré** al autobús y **regresaré** a mi casa. Mi gato me **esperará** con ansiedad. Le **daré** la comida y lo **sentaré** sobre el sofá. Me **agradecerá** con un maullido.

9.2.a

1. cantar: cantaré, cantarás, cantará, cantaremos, cantarán
2. cenar: cenaré, cenarás, cenará, cenaremos, cenarán
3. vivir: viviré, vivirás, vivirá, viviremos, vivirán
4. remar: remaré, remarás, remará, remaremos, remarán
5. deber: deberé , deberás, deberá, deberemos, deberán
6. definir: definiré, definirás, definirá, definiremos,definirán
7. trabajar: trabajaré, trabajarás, trabajará, trabajaremos, trabajarán
8. correr: correré, correrás, correrá, correremos, correrán
9. resumir: resumiré, resumirás, resumirá, resumiremos, resumirán
10. consumir : consumiré, consumirás, consumirá, consumiremos, consumirán
11. peinarse: me peinaré, te peinarás, se peinará, nos peinaremos, se peinarán
12. lavar: lavaré, lavarás, lavará, lavaremos, lavarán
13. temer: temeré, temerás, temerá, temeremos, temerán
14. meterse: me meteré, te meterás, se meterá, nos meteremos, se meterán
15. volver: volveré, volverás, volverá, volveremos, volverán

9.2b

1. Me parece que **llegaremos** tarde al aeropuerto y el avión no **esperará** por nosotros.
2. En la fiesta de mañana, no **beberé** ni **bailaré** sin tu permiso.
3. Nosotros no **venderemos** el automóvil antes de julio.
4. **Llamaré** a Carlos por teléfono pero me **responderá** la abuela.
5. Hoy **cobraré** el cheque de mi sueldo y de inmediato **compraré** la comida.
6. El futuro senador **prometerá** muchas cosas, **jurará** ser honesto y **terminará** siendo como todos.
7. El domingo **escribiré** las cartas y el lunes las **mandaré** por correo aéreo.
8. Este niño **se destacará** en el colegio y **triunfará** sin duda en la vida.
9. Mis abuelos **cumplirán** cincuenta años de matrimonio y seguramente **vivirán** juntos muchos años más.
10. La maldición bíblica dice que **parirás** con dolor y que te **ganarás** el pan con el sudor de tu frente.

9.3.a

1. pedir: pediré, pedirás, pedirá, pediremos, pedirán
2. decir: diré, dirás, dirá, diremos, dirán
3. saber: sabré, sabrás, sabrá, sabremos, sabrán
4. servir: serviré, servirás, servirá, serviremos, servirán
5. salir: saldré, saldrás, saldrá, saldremos, saldrán

6. hacer: haré, harás, hará, haremos, harán
7. poder: podré, podrás, podrá, podremos, podrán
8. vestirse: me vestiré, te vestirás, se vestirá, nos vestiremos, se vestirán
9. caber: cabré, cabrás, cabrá, cabremos, cabrán
10. conseguir: conseguiré, conseguirás, conseguirá, conseguiremos, conseguirán
11. despedirse: me despediré, te despedirás, se despedirá, nos despediremos, se despedirán
12. tener: tendré, tendrás, tendrá, tendremos, tendrán
13. querer: querré, querrás, querrá, querremos, querrán
14. valer: valdré, valdrás, valdrá, valdremos, valdrán

9.3.b
1. Yo **conduciré** el automóvil; pero **tendré** que llevar a María a su casa.
2. El médico les **dirá** si están sanos y ellos **sabrán** lo que deben hacer para cuidarse.
3. Tu madre no **querrá** que te vayas.
4. Mañana me **pondré** el vestido verde y **saldré** de paseo.
5. ¿Crees que **habrá** entradas todavía?
6. Carlos **vendrá** mañana y nosotros lo **recibiremos** de inmediato.
7. El próximo lunes, el joyero me **hará** el anillo de bodas que **valdrá** varios miles de pesos.
8. Si estudias mucho **podrás** pasar el examen y **tendrás** un aumento de sueldo.
9. **Iré** a casa de los abuelos y les **pediré** que nos presten el dinero.
10. No sé si **cabré** en el traje nuevo; me lo **probaré** por las dudas.

9.4.a.
1. Aunque hable en español, no me **van a comprender**.
2. **Vamos a salir** esta noche, llueva o no llueva.
3. No te **voy a perdonar** tantas insolencias.
4. **Voy a ver** el partido por televisión.
5. Nos **vas a esperar** en la estación del ferrocarril.
6. ¿A dónde **vas a viajar** en el verano?
7. Nuestros amigos **van a venir** el sábado próximo.
8. **Vamos a dejar** de ser amantes y **vamos a ser** amigos
9. Yo **voy a estudiar** español y mi novia, francés.
10. Tú te **vas a poner** el vestido nuevo.

9.4.b
1. Ahora mismo **irás** a casa de María y le **pedirás** perdón.
2. Usted me **obedecerá** de inmediato sin replicar.
3. Niño, **dejarás** de llorar en este mismo instante.
4. Le guste o no, **comerá** lo que hay en la mesa.
5. Silencio, he dicho. ¿Se **callarán** ustedes por fin?

9.4.c
1. a. El mes próximo **enseñaré** dos clases de español.
   b. El mes próximo **enseño** dos clases de español.

c. El mes próximo **voy a enseñar** dos clases de español.
2. a. Este año se **elegirán** nuevos senadores.
   b. Este año se **eligen** nuevos senadores.
   c. Este año se **va a elegir** nuevos senadores.
3. a. En tres o cuatro meses **publicaré** mi nuevo libro.
   b. En tres o cuatro meses **publico** mi nuevo libro.
   c. En tres o cuatro meses **voy a publicar** mi nuevo libro.
4. a. Si ella quiere, me **casaré** de inmediato.
   b. Si ella quiere, me **caso** de inmediato. -
   c. Si ella quiere, me **voy a casar** de inmediato.
5. a. Para tu cumpleaños, nosotros **tendremos** la casa pintada.
   b. Para tu cumpleaños, nosotros **tenemos** la casa pintada.
   c. Para tu cumpleaños, nosotros **vamos a tener** la casa pintada.

9.4.d
1. ¿Será una proposición inteligente?
2. No sé a qué hora llegará hoy el avión.
3. ¿Qué hora es? Serán probablemente las diez en punto.
4. Ignoro si María querrá hacer el papel de Julia.
5. ¿Tendrá el coraje de luchar por sus derechos?

9.4.e
1. No sé si la niña **irá** al jardín y **jugará** con el perro.
2. A lo mejor, los soldados **subirán** a la montaña y **colocarán** en lo alto la bandera.
3. No sé si el escritor Carlos Fuentes **volverá** a México hoy mismo y si **traerá** consigo su
   última novela.
4. Ignoro si en ese mismo momento **lloverá** torrencialmente y si **hará** mucho frío.
5. ¿Por qué no vino Juan? Pienso que **tendrá** que trabajar.

9.4.f
1. Vamos a México el próximo verano.
2. Voy a tomar (tomaré/ tomo) español el próximo semestre.
3. ¿Quién va a ver el Mundial en Alemania?
4. ¿Adónde vas mañana?
5. ¿Qué voy a hacer (haré) con este muchacho?

9.5.a
1. Josefina no vino a trabajar el lunes. ¿**Estaría** enferma?
2. No castigué a mi hijo. ¿**Haría** bien?
3. María se fue de improviso. ¿**Cumpliría** su promesa?
4. Celia Cruz y Mercedes Sosa fueron al Grammy. ¿**Recibirían** algún premio?
5. No pudimos entrar en los Juegos Olímpicos. ¿**Ganarían** algunas medallas?

9.5.b

Si no lloviera nunca,

1. las rosas no **florecerían.**
2. los lagos y los ríos se **secarían.**
3. el calor **mataría** a los seres vivientes.
4. los campos se **convertirían** en desiertos.
5. el aire ardiente **quemaría** nuestros pulmones.
6. los campesinos **se arruinarían.**
7. los pájaros **desaparecerían** del lugar.
8. los niños **se morirían** de sed.
9. nuestros cuerpos **se deshidratarían** de inmediato.
10. las hormigas **invadirían** nuestros hogares.

9.5.c

1. Yo **querría** llegar antes de las 5.
2. Si no estudiáramos, no **sabríamos** la lección.
3. Por más que quisiera, no **podría** hacerle daño.
4. Me dijo que **vendría** al anochecer, si hubiera un vuelo.
5. En buenos tiempos, esa cerámica **valdría** mucho dinero.
6. Si no lo supiera no lo **diría.**
7. **Haría** lo imposible para convencerla.
8. Descansando todo el día, no **tendría** estos músculos.
9. Por más que se lo propusiera, no **saldría** de las deudas.
10. Si me diera el sí, el corazón no me **cabría** en el pecho.

9.5.d

Las respuestas pueden variar.

1. Comenzará a las…
2. Terminaría a las...
3. Será (Golpeará)…
4. Tendrá sueño (hambre).   Querrá un juguete… Se sentirá mal…
5. Estaría enfermo.
6. Estarían aburridos… Tendrían que hacer algo.
7. Habría unas…
8. Estará en la playa o…
9. Estará enferma…Tendrá el teléfono descompuesto… No querrá llamarlo.
10. Habrá ocurrido un accidente… Estarán filmando.

9.6.a

1. **R**osarito es una hermosa ciudad mexicana.
2. Mi hermano votará por los demóc**r**atas.
3. **R**icky Martin es un cantante puerto**r**riqueño.
4. Me gusta la ca**rr**era de automóviles.
5. Mira cómo **r**uedan las **r**uedas del ferrocarril.
6. Debe termina**r** la gue**rr**a entre árabes e israelitas.
7. La **r**osa es una flor muy olorosa y muy apreciada por su color.

8. No estudio francés porque prefiero el español.
9. En Brasil, visité **Río** de Janeiro y vi la te**rr**ible inundación.
10. El zo**rr**o no tiene ningún parecido con el zo**rr**ino.

9.6.b
1. Me encantaría comprar ese **carro** nuevo **pero** es muy **caro**.
2. Tengo un **perro** y una **perra** labradores muy lindos. Están operados **para** no tener **perritos**.
3. Uno de mis postres favoritos es la **pera** con queso blanco.
4. Es necesario **encerrar** al caballo en el **corral**.
5. El detective ya está **enterado** que el criminal había **enterrado** a la víctima en un **cerro** cerca de la casa.
6. El color del **coral** es muy hermoso; se parace al del salmón.
7. Compré una mesa de **hierro para** el jardín.
8. La madera de ese piso es muy buena; sólo hay que **encerarla** y lucirá como nueva.
9. Es muy rabioso: tiene un carácter muy **fiero**.
10. El caminante llevaba la comida en el **morral**.

9.7.a
1. afinidad   2. abnegada   3. astucia   4. sublime   5. ternura
6. mulato   7. pompa   8. inexorables 9. validez   10. sagrado

9.7.b
1. abnegado   2. ternura   3. alentar   4. patente   5. redención

9.8.a
podrán-podrían   desearán-desearían
irán-irían   tratarán-tratarían
caerá-caería   habrá-habría
será-sería   acabarán-acabarían
mantendrá-mantendría

9.8.c
Hay muchas palabras en las que la **r** representa el sonido suave. Estas son sólo algunas:
muriendo, valeroso, aires, poderosa, desearán, caerá, derechos, sincero, caridad,
voluntariamente, interés, derechos, será, acararán, desearán, pura, etc.

Algunas palabras en las que la **r** representa el sonido fuerte:
temor, entrar, creador, volver, por, hombre, podrán, distribuido, habrá, mentendrá, negros,
puebas, trabajo, partidos, virtud, verdaderos, argumento, racista, República, etc.

Palabras con **rr**: guerra y tierra

9.9.a

José Martí nació en Cuba el 28 de enero de 1853. Fue poeta, periodista y **héroe** nacional. **Escribió** cuentos, versos, libros para niños y ensayos **políticos** y **filosóficos**. Su **poesía** es considerada precursora del Modernismo. Muchos de sus *Versos sencillos* se han popularizado en todo el mundo hispano, como ocurre con "Guantanamera", **canción** conocida en toda **Hispanoamérica**.

Martí luchó por la independencia de Cuba y por los derechos del hombre, sobre todo el derecho natural de ser libre. En uno de sus ensayos **escribió** estas significativas palabras: "un hombre que se conforma con obedecer a leyes injustas y permite que pisen el **país** en que **nació,** no es un hombre honrado…"

Martí es considerado en Cuba "el **apóstol** de la independencia". No se **conformó** con hablar y escribir sobre la libertad sino que **tomó** las armas para luchar por ella y **murió** en el campo de batalla en 1895. Es **además** uno de los mejores prosistas del Modernismo y un fino poeta **lírico**. Fue muy influido por pensadores norteamericanos como Emerson. Sus **avanzadísimo** ideario **político** y social, y su **visión utópica** de un universo unido por el amor a la humanidad , sin distinciones de razas, religiones y lenguas, constituyen hoy metas hacia las que tiende el ser humano, en su **expresión más** alta, pero que parecen **todavía** poco menos que inalcanzables.

Capítulo 10

10.1.a
1. La fiesta está preparada.
2. El café está molido.
3. El departamento está alquilado.
4. Las entradas están vendidas.
5. Los bancos están cerrados.

10.2.a
1. El criminal **perseguido** escapó de la justicia.
2. Conseguí los papeles para la joven **indocumentada.**
3. La inocencia **perdida** no se recupera más.
4. Los árboles **florecidos** alegran la ciudad.
5. Eulogio, **asustado,** me llamó a gritos.
6. Se lastimó el hombro **cubierto** de llagas.
7. Ordena los libros **puestos** sobre la mesa.
8. Los soldados **muertos** en la batalla viven eternamente.
9. La monografía **escrita** por mi hermana ganó un premio.
10. Dejó el diario **abierto** sobre la cama.

10.2.b
1. Esas milanesas **fritas** las he **freído** hoy.
2. He **transcripto** (**trascripto** o **trascrito**) el artículo **escrito** ayer.
3. A ese gobernador **electo** no lo ha **elegido** nadie.
4. El escritor dejó **inconclusa** su novela pero ella fue **concluida** por su hijo.
5. El cura ha **bendecido** a los niños con agua **bendita.**
6. Aunque tenía los ojos **fijos** en su semblante no me he **fijado** si estaba triste o no.
7. Yo he **soltado** a los perros y los he dejado **sueltos** toda la noche.
8. A pesar del estilo **confuso** no se han **confundido** las ideas.
9. Mis padres ya están **despiertos;** se han **despertado** muy tempranito.
10. Según la leyenda, esa cueva está **maldita** porque ahí se escondió una pareja que fue **maldecida** por los dioses.

10.2.c
1. En la universidad se prohibe **servir** bebidas alcohólicas. (**beber**)
2. Aunque me gusta comer truchas, mi **pescado** favorito es el salmón. (**pescar**)
3. Nada hay más romántico para los enamorados que una **puesta** de sol en el Caribe. (**poner**)
4. El 14 de febrero se celebra en los Estados Unidos el día de San Valentín que en muchos países hispanos se llama también día de los **enamorados.** (**enamorar**)
5. La **llegada** del Papa a México con motivo de la canonización de San Juan Diego fue un acto muy importante para los mexicanos católicos y no católicos. (**llegar**)
6. El primero de Noviembre en Puebla se celebra de una manera muy especial el Día de los **muertos.** (**morir**)
7. Los chicos esperan en la **parada** para tomar el autobús. (**parar**)
8. Para mi cumpleaños, me regalaron dos **entradas** para el concierto de Carlos Vives. (**entrar**)

9. Cuando fuimos a España, vimos una **corrida** de toros en Sevilla. (**correr**)

10. En el mercado popular, hay un **puesto** de frutas frescas y también de flores. (**poner**)

10.2.d

1. La terrorista será **juzgada** en La Haya.
2. Los perritos estaban **dormidos** en el suelo.
3. Los árboles quedarán **podados** en una semana.
4. Los pájaros estuvieron **sueltos** en su jaula.
5. Ellos no estaban **dispuestos** a ayudarnos.
6. El sobre venía **abierto** y faltaba la carta.
7. Durmieron en el viaje, pero llegaron **despiertos** a México.
8. Los niños vendrán ya **vestidos** para la fiesta.
9. Salieron **dispuestos** a pelear hasta el fin.
10. Nuestro compromiso está **roto**. Ya no hay remedio.

10.3.a

1. Carlos vive todavía con el dinero que **se ha sacado** en la lotería.
2. De no ser por el policía, cruzar esa calle **habría sido** imposible.
3. María Elena, ¿**habrá vuelto** Marcela de la fiesta?
4. Apenas el sol **hubo salido,** los pájaros cantaron.
5. ¡Cómo **habríamos disfrutado** nosotros de esas perdidas vacaciones!
6. Cuando llegué al incendio, los bomberos **habían apagado** ya el fuego.
7. Aunque no **me han llamado** por teléfono, iré de inmediato.
8. Te **has puesto** mal los zapatos.
9. Por suerte, cuando empezó a llover, la abuela **había cubierto** ya las sillas del patio.
10. Yo **he escrito** y **he impreso** este libro en España.

10.3.b

1. Cuando llegamos, ya ellos **habían hecho** el trabajo.
2. Para el año 2006, mis hijos **se habrán graduado**.
3. ¿Qué le **habrías dicho** en mi lugar?
4. Anita **ha escrito** un poema muy hermoso.
5. Cuando la policía llegó, ellos ya **habían abierto** las ventanas.
6. Para entonces, tú **habrás visto** la película.
7. Ellos **habían hecho** las reservaciones mucho antes.
8. Los niños **habían descubierto** el lugar del escondite antes que yo.
9. Yo ya **he devuelto** los libros.
10. Nosotros **habríamos sido** más amables.

10.3.c

1. Hace más de un año que salgo con Fernando.
2. Los niños habrán terminado el juego antes de acostarse (antes de la hora de acostarse).
3. No he comido nada y ahora me muero de hambre.
4. La cosecha es escasa porque ha sido una temporada muy seca.
5. Tan pronto como había llegado le sacaron la foto.
6. Alex acaba de tomar el examen.

7. El doctor (médico) debe haber recibido el pago hace dos días.
8. ¡Qué (Cuán) feliz habrías estado en Budapest!
9. No habrían ganado el partido sin ella.
10. Mi mamá ya había hecho las reservaciones cuando llegué.

10.3.d
1. Los chicos no han **descubierto** todavía el lugar donde está **escondido** el tesoro. Es que el lugar del escondite está muy bien **cubierto** con unas plantas y flores.
2. Los que pasó entre ellos ya lo habíamos **previsto.**
3. Mario dejó la ventana **entreabrierta** y se nos escapó el pájaro de Julia. El pajarito está **suelto** en el patio. Ojalá que no lo agarren los gatos.
4. Te he **dicho** muchas veces que no le pongas azúcar al té de limón. Siempre que lo he **hecho** le he **puesto** un poco de miel.
5. ¿Quién ha **dispuesto** eso?
6. El problema no está **resuelto.** Me han **devuelto** los papeles para que analicemos la situación.
7. El árbol de Navidad es lindísimo; lo han **decorado** con adornos muy coloridos. Los regalos **envueltos** con papeles dorados y verdes se ven muy bonitos. Los chicos están muy **revueltos** esperando el momento de abrir los paquetes.
8. La computadora se ha **descompuesto** y por **supuesto** no podemos usarla para terminar la composición **asignada** por el profesor.
9. No hay muchos estudiantes **inscritos** en esa clase.
10. Tenemos hasta el sábado para pagar los **impuestos.**

10.4.a
1. Los viajeros fueron despertados por el sonido de las bombas.
2. Vishnú es adorado por muchos habitantes de la India.
3. Los globos rojos eran inflados por los payasos del circo.
4. La declaración ha sido firmada por todos los académicos.
5. La deuda sería pagada por el criminal en la cárcel.
6. Los juegos del mundial fueron televisados por Univisión.
7. Los árboles de la orilla fueron arrastrados por la corriente del río.
8. La medalla de oro será presentada por el presidente.
9. Los indocumentados van a ser perseguidos severamente por la policía.
10. El presupuesto de salud pública será recortado por los conservadores.

10.4.b
1. Se vendieron muy baratas las casas de este barrio.
2. Se celebra el 4 de julio con bombos y platillos.
3. Se deben pagar los impuestos federales cada año.
4. Se hacen promesas y no se cumplen.
5. En California se hace la vendimia en agosto.
6. Se preparó un concierto magnífico.
7. Se quieren detectar los llamados agujeros negros.
8. Se destruyó el dique de San Roque.
9. En este mercado, se vende buena carne.
10. Se come muy bien en ese restaurante.

10.4.c
1. Se construirá una biblioteca nueva en Sherman Oaks.
2. Se le otorgó (le otorgaron) el premio Nobel a Pablo Neruda.
3. (Se) vendieron los juguetes en la "feria americana".
4. Se televisará la entrevista mañana.
5. A María Félix se la consideró (consideraba) la diosa del cine mexicano.
6. Se le otorgó (le otorgaron) un premio al mejor actor.
7. Ella se crió en Cuba.
8. Se capturará pronto al ladrón.
9. (Se) venden libros en español en la Feria del libro.
10. Se traducirán estos poemas al inglés.

10.5.a
1. Cuando el médico le tocó el brazo Mario lanzó un gemido de dolor.
2. En el hipódromo de Santa Anita corren los mejores jinetes.
3. La legislatura de California votó la nueva ley.
4. Esteban no es hijo legítimo de Manuela.
5. Es una región muy árida donde no llueve nunca.
6. Saqué buena nota en geografía y en zoología.
7. El cura se persignó antes de empezar la misa.
8. Con ese diagnóstico, tendrá que recoger las maletas e irse.
9. Vi en Egipto las pirámides y la esfinge.
10. No sé si ponerme a tejer o a corregir mis deberes.

10.5.b
general
pasaje
mensaje
antropología
indígena
fragmento
repugnante
gemelos
jirafa
jeringa
jerez
jefe
jeroglífico
jinete
género
ultraje
personaje
mágico(a)

10.5.c

1. Si tú **eliges** la cartera negra y yo **elijo** la gris, no la podemos intercambiar de vez en cuando.
2. Carlos **dirige** la función de los sábados y yo **dirijo** la de los domingos.
3. Yo **protejo** a mis hijos como las leonas **protegen** a sus cachorros.
4. Yo no les **exijo** tanto a mis estudiantes como les **exigen** ustedes.
5. Si los chicos **recogen** los juguetes de la sala, yo **recojo** los del patio.

10.6.a

1. plazo	2. sabandija	3. engarzado/alhaja	4. empeñar/ usurero	5. botica
6. lego	7. canonizó	8. seráfica	9. losas	10. criba

10.6.b

1. alharaca	2. refutar	3. patitieso	4. codicia	5. botica
6. buhonero	7. sabandija	8. seráfico	9. alhaja	10. plazo

10.6.a
Como adjetivos:
desbocado, descalabrado, acostado, acabados, benditos , curado, entregado, alabado
desarrapado, cargado, desconsolado, desnudas, blanqueadas, engarzada

Sustantivo: un necesitado

10.6.b
Condicional perfecto: habría sido
Presente perfecto: ha llegado, ha podido, he venido

10.6.c
efigie: porque hay un diptongo que empieza con i
dirigió: viene del verbo dirigir
exigencias: viene del verbo exigir
cogió: del verbo coger
gente

alhajita (alhaja) y cerrojillo (cerrojo): diminutivos de palabras que se escriben con "j"
dije: pretérito del verbo decir
jinete
pejerreyes

10.8.a
    Ricardo Palma **nació** en **Perú** en 1833 y se **dedicó** desde joven a la **política**, el periodismo y la literatura. Fue **cónsul** de su **país** en Brasil. En sus escritos en prosa, **demostró** su fuerte **espíritu crítico y polémico**. En lo **político**, fue siempre partidario del liberalismo. Su fama literaria deriva principalmente de sus *Tradiciones*. Es muy **difícil** definir este **género**, ya que las tradiciones son una especie de **anécdotas** o narraciones cortas a modo de cuento sin ser cuento. **Según** la propia **definición** de Palma, "la **tradición** es historia y no es historia [....] La forma tiene que ser ligera [...] y la **narración rápida y humorística**". El autor dice **además** que deben

tener **éstas** una dosis de verdad y una dosis de mentira. Por lo general, la sociedad, la historia y la **religión** en las *Tradiciones* de Palma **están** observadas desde un punto de vista **irónico** y a veces **incrédulo**. Entre sus *Tradiciones* **más** conocidas se cuentan "El **alacrán** de Fray **Gómez**", "La camisa de Margarita" y "**Dónde** y **cómo** el diablo **perdió** el poncho". Si recordamos lo **leído** en los ejercicios similares de otros **capítulos**, **será fácil** distinguir las **características** de las tradiciones, que por un lado tienen **relación** con las leyendas populares pero por el otro son cuentos **históricos** de pura **imaginación**.

Capítulo 11

11.1 a
1. Ojalá que Juan traiga habanos de Cuba.
2. Ojalá que la niña venga mañana.
3. Ojalá que vayamos a Francia en el verano.
4. Ojalá que la abuela haga tortillas a mano.
5. Ojalá que ustedes lleguen temprano.

11.1.b
1. Muestra las armas.
2. Vístete a la madrugada.
3. Cierre las puertas del cuartel.
4. Pongan las riendas a los caballos.
5. Sírveme la comida.

11.2.a
1. Quiero que tú me **digas** toda la verdad.
2. Le recomiendo que **lea** las novelas de Toni Morrison.
3. Te pido que me **sirvas** un café por favor.
4. Siento que ellos no **traigan** a los niños a la fiesta.
5. Temo que la película **sea** mala.
6. La profesora desea que los estudiantes **vayan** al laboratorio, pero ellos prefieren **ir** a la playa.
7. Eduardo desea que yo **viaje** con él a México.
8. Estamos contentos de que nuestro hijo **sea** el capitán de su equipo de fútbol.
9. Los padres se alegran de que sus hijos **saquen** buenas notas.
10. La maestra nos aconseja que **sepamos** bien los verbos irregulares.
11. A ella le disgusta que nosotros **nos durmamos** en su clase.
12. Prefiero que el concierto **comience** tarde.

11.2.b
1. Me alegro de que **saque** buenas notas.
2. Ojalá que Leonardo **se divierta** en el campamento de verano.
3. Te recomiendo que **te acuestes** temprano.
4. No creo que sus hijos **sean** muy inteligentes.
5. Dudo que ellos **puedan** comprar esa casa.
6. Me molesta que ustedes **pongan** la tele tan alta.
7. Es increíble que tu mamá **tenga** 75 años.
8. Sentimos mucho que tú no **vayas** con nosotros al concierto.
9. Les recomiendo que **estudien** mucho.
10. Siento que ellos no **vengan** a la fiesta.
11. No creo que Ana **vuelva** temprano.
12. Alicia prefiere que tú le **sirvas** el postre más tarde.

11.2.c Es necesario que...
1. tú **vayas** a la panadería temprano y que **coloques** los libros que están sobre la mesa en su

lugar.

2. los niños **merienden** temprano y que **recojan** el cuarto antes de ir a la escuela y que en la tarde **hagan** la tarea antes de mirar la televisión y que no **jueguen** con el Nintendo.

3. Carlos les **sirva** a los niños el desayuno temprano y que después **lave** y **seque** los platos.

4. Luis **pague** las cuentas que dejé sobre el escritorio y que **tenga** cuidado de no equivocarse.

5. Sarita **salga** por la mañana y que **conduzca** con mucho cuidado.

11.3.a

El verbo principal expresa:

Sentimientos o emociones: Las oraciones # 4, # 8, # 9 y # 11 del ejercicio **11.2.a** y las oraciones # 1, # 6, # 8, y #10 del ejercicio **11.2.b**

Deseos: # 1,# 6,# 7, y # 12 del ejercicio **11.2.a** y las oraciones # 2 y # 12 del ejercicio **11.2.b**

Recomendaciones o consejos: # 2 y # 10 del ejercicio **11.2.a** y las # 3 y # 9 del ejercicio **11.2.b**

Mandatos o pedidos: # 3 del ejercicio **11.2.a** y todas las oraciones del ejercicio **11.2.c**

Dudas: # 5 del ejercicio **11.2.a**, y las # 5 y # 7, del ejercicio **11.2.b**

Negaciones: # 4 y #11 del ejercicio **11.2.b**

11.3.b

1. Lamento mucho que tú no **puedas** acompañarnos.
2. Siento que abuela **esté** enferma.
3. Me sorprende que **hablen (hables/ hable)** español sin acento.
4. Me alegra que Marcy **se divierta** en la fiesta.
5. Dudo que ellos **digan** la verdad.
6. Estoy segura que ellos **dicen (dijeron/ dirán)** la verdad.
7. Ojalá que ellos **sepan** la importancia de esa elección.
8. No creo que ellos **conozcan** bien a los candidatos.
9. Espero que ustedes **hayan** estudiado mucho.
10. Es cierto que ellos **son** hermanos.
11. Es sorprendente que ustedes **quieran** llegar tan tarde.
12. Es necesario que usted **traduzca** el documento.
13. Es probable que el costo de la vida **siga** aumentando.
14. Es increíble que el perro **sea** tan inteligente
15. Quizá ellos **vuelvan** el año próximo.
16. Los especialistas niegan que el médico **se equivoque.**
17. Yo dudo que Carlos **tenga** más de veinte años.
18. Estoy segura de que Carlos **tiene** más de veinte años.
19. Te recomiendo que **practiques** todos los días.
20. Me pide que **toque** el piano.
21. Mi madre quiere que la **acompañe** en su viaje a Cuba.
22. Yo quiero que nosotros **vayamos** durante la primavera.
23. Ella dice que no **es** una buena idea porque **llueve** mucho en la primavera.
24. Juana me dice que yo **saque** los boletos vía Cancún.
25. No hay duda de que ellos **pasarán/pasaron** el examen.

11.3. c
1. Es bueno que Marcela **juegue** al fútbol.
2. Es necesario que nosotros **salgamos** a tiempo.
3. Siento que no **traigas** a los niños.
4. Es importante que los estudiantes **sepan** las reglas de acentuación.
5. El juez duda que el acusado **diga** la verdad.
6. Es una lástima que ustedes **repitan** siempre los mismos errores.
7. Ojalá que mis padres no me **pidan** el dinero.
8. Me encanta que **toques** la guitarra.
9. Nos molesta que el profesor **exija** mucha tarea.
10. Es indispensable que los padres **sean** comprensivos.

11.3.d
1. Papá quiere que **sirvamos** la comida temprano.
2. Mamá desea que **sigamos** las reglas de la casa.
3. Es importante que **consigamos** el dinero para pagar las deudas.
4. Nuestros padres no nos permiten que le **pidamos** dinero a los amigos.
5. El médico nos recomienda que **durmamos** la siesta.
6. El sacerdote nos aconseja que no **mintamos** nunca.
7. Es bueno que **nos sintamos** muy cómodos en esta casa.
8. Es necesario que **repitamos** lo que dice el profesor.
9. En la invitación se nos recomienda que **nos vistamos** de gala.
10. Para la abuela es importante que **nos despidamos** con un beso antes de salir.

11.4
1. No hay ninguna región que **tenga** paisajes más lindos que ésta,
2. Busco un libro que **trate** de la historia del Perú.
3. Leí un libro que **trata/trataba** de la historia del Perú.
4. Deseamos una casa que **esté** cerca del parque.
5. Viven en una casa que **está** cerca del parque.
6. ¿Hay alguien aquí que **sepa** bien la gramática?
7. Sí. Hay varias personas que **saben** bien la gramática.
8. No. No hay nadie que **sepa** bien la gramática.
9. Tal vez haya alguien que **sabe** bien la gramática.
10. Queremos visitar un país en el que la vida **sea** más barata.
11. Visitamos un país donde la vida **es/era** más barata.
12. Se solicita un guía que **conozca** bien la ciudad.
13. Tuvimos un guía que la **conoce/conocía** muy bien.
14. La compañía busca candidatos que **tengan** buenas referencias.
15. Ana María es la candidata que **tiene** las mejores referencias.

11.5
1. Tenemos que llamar a Rosa antes de que ella **salga**.
2. No iremos a menos que usted **vaya** también.
3. Yo te traigo la camisa para que tú me la **planches.**

4. No le pagaré sin que usted me **dé** un recibo.
5. Le acepto el regalo con tal (de) que me **deje** tranquila.
6. Iré contigo con tal (de) que **regresemos/regreses** temprano.
7. Saldré para Europa tan pronto como **recibamos** el visado.
8. El dice que llamará aunque **sea** tarde.
9. ¡Qué bárbaro! ¡Llueve a cántaros! Pues aunque **llueva** el resto de la tarde, tendremos la fiesta.
10. Cuando Leonardo **llame**, ve a buscarlo.
11. Anoche cuando tú **llamaste** ya nos habíamos ido.
12. Usted podrá salir tan pronto como **pague** la multa.
13. El salió tan pronto como **pagó** la multa.
14. Anoche bailamos hasta que **nos cansamos.**
15. Esta noche bailaremos hasta que **nos cansemos.**
16. Normalmente, les leo un cuento a los niños hasta que **se quedan** dormidos.
17. Iremos a comer donde tú nos **recomiendes/recomiendas.**
18. Iremos a comer allí aunque nadie nos **recomiende/ recomendó** el lugar.
19. Te pago los estudios a fin de que **triunfes** en la vida.
20. En cuanto me **manden/ mandes** el dinero, pagaré la hipoteca.

11.6.a
1. **Cierra/Cierre** la ventana.
2. **Apaga/Apague** la radio.
3. **Sírveme/Sírvame** un helado.
4. **Repite/Repita** la pregunta.
5. **Haz/Haga** la tarea.
6. **Pon/Ponga** un disco.
7. **Ven/Venga** temprano.
8. **Ten/Tenga** paciencia.
9. **Di/Diga** la verdad.
10. **Sé/Sea** amable.
11. **Acuéstate/Acuéstese** temprano.
12. **Vístete/Vístase** rápido.

11.6.b
Modo de preparar la sopa de mariscos
Primero, **limpia** los camarones y **sácale** la masa a los cangrejos. **Corta** el pescado en trozos pequeños y **sofríelo** con los camarones. **Pon** muchísimo ajo cortadito y algo de cebolla, pimienta y otros condimentos. Mientras tanto, **pela** los tomates y **agrégaselos** bien cortaditos al marisco. No le **pongas** agua sino un vasito de vino blanco. **Déjalo** cocinar todo por unos quince minutos y **sirve** la sopa con un buen pan y un buen vino. **Disfruta** de la cena.

11.6.c
1. **Sirvan** helado.
2. **Vayan** al cine.
3. **Conduzcan** con cuidado.
4. **Almuercen** temprano.
5. **Den** un paseo.
6. **Saquen** fotos.
7. No **se pongan** la camiseta.
8. No **se levanten** tarde.

9. **Duérmanse** temprano.

10. **Díganme** su secreto.

11.6.d
1. **Asistamos** a un concierto.
2. **Almorcemos** en el restaurante chileno.
3. **Demos** un paseo.
4. **Saquemos** fotos del parque.
5. **Durmamos** una siesta.
6. **Consigamos** boletos para el teatro.
7. **Divirtámonos.**

11.6.e
1. **Pídeselo** a tu papá.
2. **Beba** agua.
3. **Acuéstate** temprano.
4. **Acuéstense** temprano.
5. **Vamos** a bailar.
6. **Póngase** la chaqueta.

11.6.g
1. Sí, comprémosela.
2. Sí, preparémosela.
3. Sí, démosela.
4. Sí, prestémoselo.
5. Sí, mandémoselas.
6. Sí, sirvámoselo.
7. Sí, llevémoselo.
8. Sí, regalémosela.
9. Sí, digámosela.
10. Sí, comprémoselos.

11.7.a
1. Los Angeles tiene una orquesta filarmónica excelente.
2. Mi hermano habla con acento francés.
3. Ella fue la responsable del accidente. En vez de parar en la luz (el semáforo), aceleró.
4. La alquimia se consideró una ciencia importante durante la Edad Media.
5. Las personas que beben alcohol y manejan (conducen) son muy irresponsables. No piensan en las serias consecuencias.
6. Era (Fue) difícil traer los elefantes al circo.
7. La escena en la que (donde) Ofelia le confesó su pasión era muy romántica.
8. Esta máquina no funciona bien, tal vez (quizás) es la conección.
9. La química, la física y las matemáticas son muy difíciles para mí. Prefiero la historia, la psicología, las lenguas y la literatura.
10. Yo respetaba mucho a mi padre. Era inteligente, generoso y muy paciente. Era profesor de filosofía y de religión pero no era nada religioso; de hecho era ateo.

11.7.b
1. Es un trabajador muy **eficiente**.
2. Leí el **mensaje** en el último **boletín**.
3. Lo que pasó el once de septiembre fue una **masacre** espantosa.
4. Tú y yo no debemos hablar de política. No creo como tú, que ningún país tenga derecho a **atacar** otro país para liberarlo de su **gobierno**. Eso no es liberación sino la **agresiva** imposición de un **sistema** por otro sin tenerse en cuenta el número de víctimas **inocentes** que mueren. **Suponer** que la **ideología** de uno es la única verdadera es una **actitud** muy peligrosa.
5. Si el ensayo no tiene por lo menos cuatro **párrafos** bien desarrollados, el maestro no lo va a **aceptar.**

6. El **automóvil** no está en el **garaje**.
7. Su nuevo **estilo** le da una **apariencia** de hombre maduro.
8. La **cantidad** de dinero que nosotros **colectamos** para el programa no es **suficiente**.
9. Los niños escuchan con mucha **atención** los relatos **mitológicos** que el abuelo les está contando.
10. El **ritmo** de esa música es tan **contagioso** que es casi **imposible** dejar de moverse.

11.8.a
1. abultaba	2. trapiche	3. damajuanas	4. borbotones	5. fulgurantes
6. atracó	7. estertor	8. gangrena	9. morcillas	10. lúgubre

11.8.b
1. lúgubre	2. tirante	3. somnolencia	4. hoyo	5. abultamiento
6. damajuana	7. caña	8. fulgurantes	9. caldear	10. trasponer

11.9.a
Dame caña.
No me niegues.

11.9.b
invadir-invade
ceder-cede
llamar-llama
incorporarse-incorpórate
morir-muere
llegar-llega
pedir-pide
irse-vete
ver-ve
respirar-respira

11.9.c
Las respuestas deben tener cinco de las siguientes formas verbales:
invadamos, cedamos, llamemos, incorporémonos, murámonos, lleguemos, pidamos, vayámonos, veamos, respiremos

11.9.d
Las respuestas deben tener cinco de las siguientes formas verbales:
invada, ceda, llame, incorpórese, muérase, llegue, pida, váyase, vea, respire

11.8.e
Las respuestas pueden variar. Estas son algunas posibilidades.

espiral-spiral	violeta-violet	rancho-ranch
bloques-blocks	favor-favor	majestad-majesty
veneno-venom	vómito-vomit	inspiración-inspiration

mover-to move   silencio-silence   canoa-canoe

11.9.a

Nuestra **América** tiene los **más espléndidos** paisajes. Gran parte del territorio americano **está** constituido por selvas pobladas por lo **común** por **indígenas**.. Hoy la **explotación** industrial de la madera y la **extracción** del oro y del **petróleo** van poco a poco destruyendo la **magnífica vegetación** del **trópico** y van **también** afectando, como es **lógico**, la **riquísima** vida animal. Varios escritores hispanoamericanos se han destacado en la **descripción** de la vida en la selva: el colombiano **José** Eustasio Rivera **publicó** en 1924 su novela <u>**La vorágine**</u>, en la que el paisaje de la selva es el verdadero protagonista; el guatemalteco Miguel Angel Asturias, que obtuvo el premio Nobel de literatura en 1967, **pintó** la vida de los **indígenas** en las zonas tropicales de **Centroamérica**. Horacio Quiroga, nacido en el Uruguay, **vivió** en la zona de Misiones, Argentina. Es considerado el **más** grande cuentista de **Hispanoamérica**. En sus relatos describe la **trágica** lucha entre los hombres y la naturaleza **selvática**. En sus cuentos **fantásticos** ha pintado el fondo **más** primitivo del **espíritu** humano, la selva de los instintos en la que se ocultan bestias **más** peligrosas que los dinosaurios o los tigres: la violencia, la envidia, el desprecio por la vida humana. **Quizá leyó** Quiroga a Sigmund Freud, el creador del **psicoanálisis**, que describe esa selva primordial que **aun** en los seres **más** avanzados y **más** inteligentes constituye un fondo secreto e inconfesado. Pero no **tenía** Quiroga necesidad de leer a Freud: su propia experiencia, su **adhesión** al alcohol y a las drogas, le proporcionaron el modelo de las alteraciones **psicológicas** de sus personajes. No es extraño que Quiroga, sepultado en la soledad de la selva, terminara sus **días** en la locura y el suicidio.

Capítulo 12

12.1.a
1. Si no **lloviera** iría al campo.
2. Los precios bajarían si **hubiera** más venta.
3. El médico temía que el cáncer **se extendiera.**
4. Esperábamos que las uvas **maduraran** en otoño.
5. Mi hija viajaría a Italia si **terminara** sus clases a tiempo.
6. 6. Me sorprendió que **llegara/llegaran/llegaras** tan pronto.
7. Esperaba que nadie **encontrara** su escondite.
8. Fue necesario que ellos **pagaran** la multa.
9. No me cansaría de esperarlo si **cambiara** su temperamento.
10. Nos recomendó que **fuéramos** al Museo de la universidad.

12.2.a
1. La maestra ansiaba que yo **hiciera** el trabajo por mi cuenta.
2. Ignoraba que Lucinda **fuera** tan sentimental.
3. No me ayudaría aunque se lo **pidiera** de rodillas.
4. No me gustaba que me **dejara** con la palabra en la boca.
5. No te lo dije antes porque quería que **disfrutaras** de tu descanso.
6. No estaba muy seguro de que los profesores **aceptaran** mi excusa.
7. Exigía demasiado. Quería que yo **terminara** la obra en un día.
8. Los médicos desearían que yo **siguiera** un régimen alimenticio.
9. Pensaba que no era necesario que **condujera** por la noche.
10. El mago esperaría que todos se **sentaran** antes de empezar.

12.2.b
1. a. Los estudiantes **tradujeron** las frases sin ningún error.
   b. Me asombró que (los estudiantes) **tradujeran** las frases sin ningún error.
2. a. Los Gimenos **trajeron** a sus nietos.
   b. Me alegro que (los Gimeno) **trajeran** a sus nietos.
3. a. Alejandro **hizo** la tarea a tiempo.
   b. Era importante que (Alejandro) **hiciera** la tarea a tiempo.
4. a. Mis abuelos **sirvieron** mi postre favorito.
   b. Esperaba que (mis abuelos) **sirvieran** mi postre favorito.
5. a. Mis amigos **se fueron** sin despedirse.
   b. Me molestó que (mis amigos) **se fueran** sin despedirse.
6. a. Mis hermanos le **pidieron** el dinero al abuelo.
   b. Fue una buena idea que (mis hermanos) **le pidieran** el dinero al abuelo.
7. a. Leonardo y José Antonio **vinieron** a pasar la Nochebuena con nosotros.
   b. La abuela está encantada de que (Leonardo y José Antonio) **vinieran** a pasar la Nochebuena con nosotros.
8. a. Finalmente, los niños **se durmieron** antes de abrir los regalos.
   b. Era preferible que (los niños) **se durmieran** antes de abrir los regalos.
9. a. Todos mis invitados **se divirtieron** mucho en la fiesta.
   b. Me pareció maravilloso que (todos mis invitados) **se divirtieran** mucho en la fiesta.

10. a. Nosotros **tuvimos** que esperar dos horas para que nos atendieran.
    b. Fue una lata que **tuviéramos** que esperar dos horas para que nos atendieran.

12.2.c
1. Los jardineros **deseaban** que esa tierra **produjera** maravillas.
2. Caperucita Roja **esperaba** que su abuela la **recibiera.**
3. En esta carta, le **pedí** al banco que me **cerrara** la cuenta de ahorros.
4. Les **dije** a los obreros que **trabajaran** con más prisa.
5. Los investigadores **dudaban** que el Titanic **se conservara** en el fondo del mar.
6. ¿Quién **tenía** la esperanza de que los ricos **ayudaran** a los pobres?
7. El policía **exigió** que el delincuente **confesara** la verdad.
8. Mi sobrino **se portó/portaba** bien para que yo lo **sacara** de paseo.
9. Todo el mundo **esperaba** que la situación de Palestina **se resolviera** pronto.
10. No **tenía** la esperanza alguna de que mis hijos **superaran** sus problemas.

12.3
1. Me extraña que no quieras a tu novio
   Me extraña que no hayas querido a tu novio.
   Me extrañó que no hubieras querido a tu novio.
2. Espero que no lo engañen.
   Espero que no lo hayan engañado.
   Esperaba que no lo hubieran engañado.
3. Los jueces dudan que el testimonio sea cierto.
   Dudan que el testimonio haya sido cierto.
   Dudaban que el testimonio hubiera sido cierto.
4. Dudo que la epidemia de las vacas se acabe antes de nuestro viaje.
   Dudo que la epidemia de las vacas se haya acabado antes de nuestro viaje.
   Dudaba que la epidemia de las vacas se hubiera acabado antes de nuestro viaje.
5. No me parece bien que Julieta desprecie a Romeo.
   No me parece bien que Julieta haya despreciado a Romeo.
   No me pareció bien que Julieta hubiera despreciado a Romeo.
6. Me sorprende que los vecinos no protesten por los perros.
   Me sorprende que los vecinos no hayan protestado por los perros.
   Me sorprendió que los vecinos no hubieran protestado por los perros.
7. No estoy seguro de que ese millonario compre el cuadro de Picasso.
   No estoy seguro de que ese millonario haya comprado el cuadro de Picasso.
   No estaba seguro de que ese millonario hubiera comprado el cuadro de Picasso.
8. Espero que el equipo argentino gane el partido de fútbol.
   Espero que el equipo argentino haya ganado el partido de fútbol.
   Esperaba que el equipo argentino hubiera ganado el partido de fútbol.
9. No es posible que Mario cometa ese crimen.
   No es posible que Mario haya cometido ese crimen.
   No era posible que Mario hubiera cometido ese crimen.
10. Nos parece lógico que los aviones lleguen a tiempo.
    Nos parece lógico que los aviones hayan llegado a tiempo.
    Nos pareció lógico que los aviones hubieran llegado a tiempo.

12.4.a
1. Si el tren llega temprano **iré** a buscarlo a la estación.
    Si el tren llegara temprano **iría** a buscarlo a la estación.
    Si el tren hubiera llegado temprano **habría ido** a buscarlo a la estación.
2. Te invito a mi casa si **prometes** no criticar mi desorden.
    Te invitaría a mi casa si **prometieras** no criticar mi desorden.
    Te hubiera invitado a mi casa si **hubieras prometido** no criticar mi desorden.
3. Si dudas de mi no te **complaceré.**
    Si dudaras de mí no te **complacería.**
    Si hubieras dudado de mí no te **habría complacido.**
4. Si no me **escriben** no les contestaré.
    Si no me **escribieran** no les contestaría.
    Si no me **hubieran escrito** no les hubiera contestado.
5. Si necesitas ayuda **llama** al portero.
    Si necesitaras ayuda **llamarías** al portero.
    Si hubieras necesitado ayuda **habrías llamado** al portero.

12.4.b
1. Leonardo estudia en Filadelfia. Si Leonardo **estudiara** en una universidad en California, nosotros lo **veríamos** con más frecuencia.
2. Qué lástima que no fueron a la fiesta. Si ustedes **hubieran ido, se habrían divertido** muchísimo.
3. Es posible que pueda salir temprano del trabajo. Si yo **salgo** temprano, **pasaré** por tu casa a verte.
4. Anita está embarazada, ella dice que si **tiene** un nene le **pondrá** Enrique y si **es** nena, Marcela.
5. Hace 20 años que vivo en Los Angeles. Si yo no **hubiera venido,** no **habría conocido** a mi marido y mi vida **habría sido** diferente.
6. Mi novia no me ha llamado todavía. Te juro que si no me **llama,** no **saldré** nunca más con ella.
7. Chicos, hace mucho frío, no podrán ir a la playa, Si no **hiciera** tanto frío ustedes **podrían** ir a nadar, pero es imposible. Mejor, vayan al cine.
8. Alex acaba de solicitar un puesto en una compañía muy buena de Nueva York. Parece que tiene muchas posibilidades. Si **consigue** ese trabajo, **se mudará** para allá, y nosotros lo **extrañaremos** muchísimo.
9. Si yo no **hubiera estudiado** economía por tantos años no **habría triunfado** en los negocios.
10. El casino está cerrado. Si **abre** mañana, **jugaremos** bien temprano y luego **iremos** a la playa.

12.4.c
1. Si no hubiera llovido, el Mississippi no se **habría desbordado.**
2. Sería más feliz si mi hija **se hubiera casado** con Julián y no con Paco.
3. Lamento que el año pasado no **hayan ganado** el campeonato.
4. Espero que mis padres **hayan comido** el postre que les preparé.
5. No lo creería si no lo **hubiera visto.**
6. Sin su ayuda no **habría podido** comprar en 1980 esta casa.

7. Sin la Guerra de la Independencia no **habrían obtenido** la libertad.
8. No dudo de que la niña **se haya curado** con el té de boldo.
9. Quien **haya sufrido** miseria sabrá lo que es el hambre.
10. Si no te lo **hubiera dicho** me habría sentido culpable.

12.5.a
1. Por otra parte, cuando se estudian objetivamente las antiguas civilizaciones, la de Egipto y Grecia por ejemplo, que han sido consideradas durante muchos siglos la fuente de los conocimientos y de las creencias universales, cosa que no es del todo probable, descubrimos que los historiadores sólo han visto en ellas, cualquiera sea el valor que se les confiera, no los rasgos mas propios y quizá los más auténticos y valiosos sino aquellos que, de modos diversos, se transmiten a las culturas de Occidente.
2. El condenado a muerte esperaba en un rincón de su celda la llegada del amanecer, de las horas fijadas para su fusilamiento. Cuando oye el grito de los guardias: - Llegó tu hora, prepárate a morir- siente en mitad del pecho, allí donde palpita su corazón lleno todavía de vida, un estremecimiento precursor de la muerte -¡No quiero morir!- grita; pero, al darse cuenta de que los guardias esperaban de él señales de cobardía o de miedo, avanzó hacia ellos sonriente y les dijo: - ¿Qué esperan? Mejor morir con dignidad que vivir como ustedes viven en medio de la podredumbre. Un gallo cantó en la lejanía, donde ya las gentes comenzaban el dia de trabajo, en el mismo momento en que sonó, con sonido metálico, en el patio de la cárcel, el disparo que lo dejó sin vida
3. ¿Cuántos años han pasado - preguntaba a su amada sin esperar respuesta- desde que nos vimos por primera vez en el patio de la escuela? Ella no respondió. ! ¡Qué extraña le parecía esa pregunta! ¿Tiene algún sentido oculto? Para ella no había pasado tiempo alguno

12.6.a

1. antiguallas	5. jactarme/hazañas	8. pláticas
2. majestad	6. sementeras	9. Atahualpa/Cuzco
3. andaban en cueros	7. septentrión	10. veneración
4. acatamiento/preceptos		

12.6.b

1. antigüallas	2. trocarse	3. mieses	4. en cueros	5. holgar
6. septentrión	7. preceptos	8. vasallos	9. acaeció	10. jactarse

12.7.a
Presente perfecto: hayan reducido

Pluscuamperfecto del subjuntivo: hubiese acontecido, hubieran dado

Imperfecto del subjuntivo: trajeran, fuera, apedrearan, adoctrinaran, adoraran, tuvieran, dieran, vivieran, habitaran, supieran, fueran, quisieran, pasaran, procuraran, hundiera, pararan, hicieran

12.7.b
Las respuestas serán variadas. Estas son algunas de las posibilidades:

Corchetes con puntos suspensivos para transcribir un fragmento de un texto:
[…] Después de haber dado muchas trazas...
En suma, vivían como venados y salvajinas […]

Paréntesis con puntos suspensivos para indicar una interrupción en lo que se dice:
...y tiranías de Atahualpa (como en su vida contaremos) escaparon.

Dos puntos para incorporar una cita o comprobacióm:
diciendo: "Trocósenos el reinar en vasallaje"
Dijo el Inca: el repetir tantas veces estas palabras: "Nuestro Padre el Sol"

Signos de interrogación para indicar una pregunta:
¿Quién fue el primero de nuestros Incas?
¿de qué manera empezó a reinar?
¿qué origen tuvieron nuestras hazañas?
¿qué origen tuvo su linaje?

Frases con comas para:

Incorporar una idea:
Es así, que residiendo mi madre en Cuzco, su patria, venían a avisitarla casi…
Inca, tío, pues hay escritura entre nosotros, que es…

Para indicar que se está hablando a esa persona y no que se está hablando de ella:
Sobrino, yo te las diré… (Compárese con Se las diré al sobrino.)

Para separar una series de preguntas:
¿qué memorias tienen?, ¿ quién fue el primero de nuestros Incas?, ¿cómo se llamó?…

Y el uso del punto para indicar el final de una oración o el cierre de un párrafo se pueden encontrar muchos ejemplos en el texto.

12.8.a
El Inca Garcilaso de la Vega es el primer escritor en español nacido en tierras de **Hispanoamérica**. Era hijo de un conquistador español y de una princesa incaica y **vivió** y se **educó** en el Cuzco (**Perú**) desde 1539 hasta 1560. A partir de esa fecha, se **trasladó** a España y se **distinguió** por dar a conocer **allí** aspectos de la cultura **autóctona** de su **nación** y por tratar de integrar esa cultura con la **tradición** literaria **clásica** y española. El gobierno español **prohibió** la lectura de sus obras en **América** porque **podrían** originar la **sublevación** de los **indígenas**. Esas obras, sobre todo *La florida del Inca* (1605) y los *Comentarios reales de los Incas* (1609), describen la **geografía** del Cuzco, presentan con gran sentido **histórico** las **características** de las instituciones **políticas** incaicas y hacen el **análisis** de la **religión**, los mitos, la lengua y la

cultura de los **aborígenes** del **Perú.** Hay **además** una **tácita** o oculta **crítica** a los excesos de la **colonización** europea. El Inca Garcilaso es un escritor que sabe transmitirnos la riqueza de su experiencia de intelectual mestizo, directo conocedor de la vida de los Incas y admirador de la cultura europea. Transforma la dura realidad del mundo americano en un **paraíso mítico**, en una **región** maravillosa, pintada primorosamente con un estilo literario caracterizado por la brillantez y la claridad expresiva. Aunque expresa su **admiración** y su cariño por España, la patria de su padre, en lo **más** profundo de su **espíritu** se ocultaba un cierto resentimiento por la violencia ejercida sobre los indios por los conquistadores. Resalta en su obra la gran importancia que tuvo en su **formación** y en su **educación** tanto su madre como los miembros de la familia materna. El drama del Inca Garcilaso es la **manifestación** del choque de la cultura europea y la **indígena** y es un poco **también**, a nivel **simbólico,** el drama total de la **América** hispana.